TONY JUDT

Título:
Tony Judt. historiador e intelectual público

© Rui Bebiano e Edições 70, 2017

Revisão:
Inês Guerreiro

Capa: FBA
Imagem de capa: © Gina LeVay/Redux

Depósito Legal n.º 428295/17

Biblioteca Nacional de Portugal – Catalogação na Publicação

BEBIANO, Rui

Tony Judt: historiador e intelectual público. – (Extra coleção)
ISBN 978-972-44-1853-7

CDU 929 Judt, Tony

Paginação:
MA

Impressão e acabamento:
ARTTIPOL - ARTES TIPOGRÁFICAS, LDA.

para
EDIÇÕES 70
em
Junho de 2017

Direitos reservados para todos os países de língua portuguesa
por Edições 70

EDIÇÕES 70, uma chancela de Edições Almedina, S.A.
Avenida Engenheiro Arantes e Oliveira, 11 – 3.º C – 1900-221 Lisboa / Portugal
e-mail: geral@edicoes70.pt

www.edicoes70.pt

Esta obra está protegida pela lei. Não pode ser reproduzida,
no todo ou em parte, qualquer que seja o modo utilizado,
incluindo fotocópia e xerocópia, sem prévia autorização do Editor.
Qualquer transgressão à lei dos Direitos de Autor será passível
de procedimento judicial.

RUI BEBIANO

TONY JUDT
— *historiador e intelectual público*

70

ÍNDICE

Siglas. 9

Introdução. 11

1. Intelectuais e públicos. 21

2. História e participação cívica. 63

3. Referências e influências. 99

4. A obra e os projetos. 131

5. Temas e controvérsias. 177

Epílogo 213

Bibliografia 219

SIGLAS

Os livros da autoria de Tony Judt são identificados pelas seguintes siglas e citados a partir da edição portuguesa, sempre que esta exista. Na bibliografia referem-se também as edições originais.

MFL – *Marxism and the French Left*
OCM – *O Chalet da Memória (The Memory Chalet)*
PG – *Pós-Guerra (Post-War)*
PIF – *Past Imperfect: French Intellectuals, 1944–1956*
PSX – *Pensar o Século XX (Thinking the Twentieth Century)*
QFM – *Quando os Factos Mudam (When the Facts Change)*
RPS – *La Reconstruction du Parti Socialiste: 1921––1926*
SIP – *Socialism in Provence 1871–1914*
OSX – *O Século XX Esquecido. Lugares e Memórias (Reappraisals)*
TBR – *The Burden of Responsability*
TNA – *Um Tratado sobre os Nossos Actuais Descontentamentos (Ill Fares the Land)*
UGI – *Uma Grande Ilusão? (A Grand Illusion?)*

INTRODUÇÃO

«O que o passado pode realmente ajudar-nos a compreender é a perpétua complexidade das perguntas.»

Tony Judt, *O Século xx Esquecido*

No final de «Words», um dos derradeiros textos que ditou para publicação no espaço que mantinha na *New York Review of Books*, quando a doença lhe tornava já muito difícil falar ou escrever com a limpidez e a elegância que sempre procurara, o historiador Tony Judt aludia a um dos problemas centrais da comunicação contemporânea: «Se as palavras se deterioram, o que poderá substituí-las? Elas são tudo o que nos resta.» Porém, apesar de se saber próximo da morte, não se referia ao fim da sua própria capacidade de comunicar. Nesse artigo, depois incorporado no livro autobiográfico *O Chalet da Memória*, Judt transcendia a dimensão da observação estritamente pessoal nas circunstâncias dramáticas de uma doença incurável que tornaria legítimo todo o egoísmo, expondo principalmente uma preocupação, que pretendia partilhada, com o recuo cultural do antigo modelo humanista fundado no combate tenaz e argumentado pelas ideias. Ideias necessariamente vertidas em palavras. Um combate que nas mais recentes décadas tem sido desacreditado pelos arrogantes advogados da primazia do pragmatismo e dos saberes reputados legítimos apenas na estrita medida da sua comprovada utilidade mercantil.

Falava, por isso, da perda de voz por parte daqueles que usam a língua de uma forma passional, contínua e desmedida, repartindo-a, ou defendendo-a, como via primária de acesso aos padrões de conhecimento e de representação que em larga medida definiram os fundamentos partilhados do mundo contemporâneo. A língua, a voz, sempre como ferramenta para conhecer e dar a conhecer sem coações, para preencher os espaços do debate público, para fazer de toda a crítica e de toda a controvérsia instrumentos de transformação, de dignidade, de saber, de liberdade e de democracia.

Judt referia ainda a perda gradual da centralidade da «fala pela fala», do debate especulativo, como processo de aproximação e veículo para um conhecimento cada vez mais rico e complexo. Dessa perda que muitos têm vindo a reconhecer com mágoa e uma crescente preocupação, por estes dias que promovem o aparente triunfo do pragmático, do eficaz, do telegráfico, do «inequivocamente útil», dessa perda que tem vindo a ser observada até em espaços como as universidades, na sua origem concebidas justamente para impedir que esse esgotamento ocorresse: «A "profissionalização" do discurso académico — e o deliberado resvalar, por parte dos prosélitos das humanidades, para a segurança da "teoria" e da "metodologia" — favorece o obscurantismo» (OCM: 153), escreveria ainda no mesmo artigo. Encontrara, pois, nas palavras, na sua troca constante e comprometida, tanto quanto possível levada a cabo sem constrangimentos, o espaço ideal de resistência à incompreensão do mundo e da rejeição do mesquinho individualismo, impostos pelo recuo das vozes críticas ou pelo ruído daquelas outras, amplificadas pelo interesse quase exclusivo dos *media* pelo efémero ou pelo sonoro, que muito se dão a ouvir, mas tantas vezes já pouco ou nada têm a oferecer de substantivo.

No uso da voz temerária, via Tony Judt a ferramenta essencial do processo de comunicação, a condição primordial para o ser humano se pensar a si próprio, esforçando-se, ao mesmo tempo, por resolver conflitos, descobrir caminhos e, seguindo a forma a cada instante avaliada como possível, desimpedir os obstáculos que lhe possam ser levantados no processo de conquista e de extensão da felicidade, numa dimensão pessoal necessariamente partilhada com os outros. Tony Judt assumiu este propósito como seu na linha de um outro, em boa medida análogo, que desde os finais do século XIX constituíra o objetivo do intelectual público clássico tomado, na dimensão instável, complexa e diversa da sua afirmação e da sua identidade, como cidadão responsável e protagonista interventivo do processo histórico.

Por isto, a sua condição de historiador escapou, em boa medida, ao modelo ainda preponderante durante a sua vida, imposto no universo dos profissionais da área, que, muito frequentemente, vivem e trabalham em círculos concêntricos, quase exclusivamente apoiados na observação e na glosa dos documentos, mesmo quando se ocupam do mundo contemporâneo, procurando rejeitar tudo o que, chegado de fora do seu território exclusivo, não arrefecido pelo distanciamento, possa ser tomado como perturbador. Como uma espécie de contágio imposto pelo vírus do presente, ao qual a todo o custo acreditam ter o dever de resistir. Tony Judt procurou sempre contrariar esta tendência e fê-lo de uma forma cada vez mais intensa à medida que o tempo passava. Como lembrou Jennifer Homans, a sua terceira e última mulher, na introdução que escreveu para a coletânea póstuma *Quando os Factos Mudam*, a verdade é que, mesmo que nem sempre distribuído com a mesma intensidade, pode encontrar-se em toda a obra de Judt um diálogo permanente com as suas principais obsessões — «a Europa e a América, Israel e o Médio Oriente, a justiça, a esfera pública, o Estado, as relações internacionais, a memória e o esquecimento e, sobretudo, a história» (QFM: 16) —, supondo sempre a forma como todas confluíram ao longo da sua vida num processo de trabalho e de pensamento virado para a realidade viva e empenhado em aproximar o passado e o presente. Uma aproximação que com toda a clareza e sem quaisquer complexos Tony Judt sempre assumiu em larga medida como determinante na escolha dos seus interesses de investigação.

Este vínculo foi particularmente notório na atividade complementar de comentador de política internacional, a partir de dada altura com uma intervenção regular em publicações de grande circulação. À medida que os anos foram passando, o interesse de Tony Judt pela crónica como género literário, capaz de abrir o seu trabalho de pesquisa, reflexão e escrita da história a um conjunto de problemas e a um público que transcendia em muito o das suas aulas, seminários e conferências, levando-o a leitores que não eram apenas aqueles que tinham um interesse mais direto pela história, foi aumentando sempre, interferindo visivelmente na evolução do seu próprio discurso. Na verdade, esta atividade jamais fora por si encarada como um mero complemento da profissão de *historiador*, cruzando-se sempre com ela mas transcendendo-a em diversos aspetos, enquanto parte inseparável daquilo que Judt foi enquanto *intelectual* e *cidadão*, potenciando esta integração cada uma das três condições.

Nos quatro livros preparados já depois do reconhecimento do caráter irreversível da doença e da proximidade da própria morte, esta ligação surgiu, como se verá adiante, com uma particular evidência. Em todos eles, no volume *Um Tratado sobre os Nossos Actuais Descontentamentos* e em *O Chalet da Memória*, ambos de 2010, o ano da morte, e nos títulos já póstumos, no volume de conversas mantidas com o historiador Timothy Snyder, *Pensar o Século XX*, saído em 2012, bem como na referida compilação de ensaios, também ela póstuma, *Quando os Factos Mudam*, lançado em 2015, pode detetar-se uma permanente atenção ao aprofundamento de um vínculo entre aquele que fora o trabalho na qualidade de investigador, ocupado com uma perspetiva compreensiva e documentada do passado — em particular de um passado mais ou menos recente, cujas ondas de choque podia (e podemos) ainda sentir —, e os processos de definição e crítica de um presente com o qual continuava a manter uma ligação muito forte.

Daqui o interesse que detém a observação do trabalho de Tony Judt no campo da crítica e da opinião, considerando o papel coincidente de historiador e de intelectual público por si desempenhado, o qual constitui o objeto central deste ensaio. A este propósito declarado devem, porém, juntar-se mais dois. Por um lado, dar a conhecer um pouco melhor a obra de um historiador importante, de alguma forma popular — dentro dos estreitos e efémeros limites da «popularidade» a que um historiador profissional pode alguma vez ambicionar —, que, nos tempos mais recentes, interferiu com algum impacto em modalidades de pesquisa, de ensino e de divulgação da história. Por outro, procurar mostrar de que forma, independentemente da transitoriedade da vida pessoal e da possível volatilidade da sua obra, se deteta uma valorização permanente da observação crítica de tempos que, pela proximidade e vivência, pôde partilhar e dos quais nós temos ainda alguns ecos. Um processo que se mostra decisivo, em especial nos tempos complexos de grande desordem mundial e de perturbação do conceito de verdade que estamos a atravessar, para compreender os dilemas do presente e, se possível, para evitar repetir cegamente os erros, os retrocessos e os descaminhos de passado.

Este livro procura cumprir estes objetivos através de cinco etapas, cada uma delas correspondendo a um capítulo autónomo. No primeiro, a partir de uma abordagem macroscópica e quase arqueológica, considerar-se-á a definição do conceito de intelectual público, bem como o modo crítico como podemos entender hoje a sua sobrevivência, o seu fim ou a sua renovação, detetando algumas das marcas nessa qualidade incorporadas, ou herdadas, por Judt. No segundo capítulo, far-se-á uma aproximação ao modo como o papel desse padrão de intelectual se ajusta com a definição do lugar social e político do historiador, assim como com a popularização da história enquanto saber, experiência na qual Tony Judt cumpriu um papel exemplar. No terceiro capítulo, procurar-se-á identificar as suas principais influências e referências intelectuais, bem como o modo como elas determinaram as escolhas temáticas que, na qualidade de historiador, entendeu fazer, tal como as opções que, enquanto cidadão, decidiu tomar. O quarto capítulo abordará a obra do historiador Tony Judt nas suas vertentes principais, procurando expor as suas principais linhas de força e o modo como se foram cruzando com o meio político envolvente e as escolhas profissionais. Segue uma disposição em boa parte temporal, usando os livros publicados em vida ou póstumos, algumas compilações de artigos dispersos e uma lista completa dos ensaios e recensões publicados, que é proposta nas páginas finais de *Quando os Factos Mudam*, o volume saído em 2015. Por fim, o quinto capítulo observará alguns dos temas e das controvérsias nas quais mais se envolveu, ou com as quais a sua obra continua a dialogar, sempre na qualidade específica de intelectual público. Em particular no campo da reflexão sobre o passado e o futuro da Europa, a história da esquerda e o futuro da social-democracia, o papel da dissidência intelectual e o lugar do sionismo e de Israel no mundo contemporâneo, entre outros. Já a terminar, num curtíssimo epílogo, lembrar-se-ão as duas hipóteses com as quais a intervenção de Tony Judt particularmente confluiu e que tornaram mais original o seu trabalho, a saber: a energia que colocou na defesa das posições singulares e a forma como ela permite reapreciar o olhar empenhado do historiador. Depois do seu desaparecimento, continuam a pulsar no horizonte que nos cabe.

Junto ainda uma confidência de autor. Este trabalho assume uma relação de empatia crítica, construída ao longo de vários anos de leitura, com o trajeto do intelectual, do historiador, do cidadão e, ao mesmo tempo, da pessoa, que constitui o seu objeto central. Sem ignorar um julgamento que poderá debater ou contradizer o entendimento de Tony Judt como «grande historiador», no sentido de excluir uma dimensão lapidar da sua obra, de apontar a parcialidade da erudição por vezes mostrada e de nele ser impossível detetar a dose de assepsia analítica que alguns poderão exigir ao seu *métier*, é, ainda assim, possível demonstrar de que forma desenvolveu um trabalho coerente e, através dele, de que modo pode hoje servir como exemplo de uma valorização específica do lugar da história e do papel do historiador profissional. Não como mero guardião ou decifrador do passado, martelando a cinzel palavras que crê intemporais, mas como intelectual crítico, no contínuo diálogo com um público que a sua condição lhe pode proporcionar. Como alguém que reconhece que toda a história é passageira — a História, com maiúscula, como processo e destino, bem como a história vivida, que nos molda dia após dia — mas também como alguém que sabe que regressamos e regressaremos sempre a ela, pois é ela que nos pode servir de mapa e de bússola.

Como aqui se mostrará, Tony Judt possuía uma personalidade complexa, algumas vezes contraditória, assumindo-se como polemista, pensador ou mesmo, acidentalmente, como previsível profeta. Porém, terá sido o seu interesse pelas lições e pelos erros do passado, o seu amor por alguns dos exemplos humanos mais veementes, a dar coerência e sentido a essa diversidade, fazendo com que valha a pena continuar a lê-lo, usando-o como indicador daquilo que também pode ser um historiador público. Jamais um mero observador, habitante de uma rígida e protegida cápsula do tempo. Escritor de passados, sem dúvida, mas também inquietador de presentes.

1.
INTELECTUAIS E PÚBLICOS

«De todas as transformações dos últimos três decénios, o desaparecimento dos "intelectuais" é talvez a mais sintomática» (OSX: 23). Em 2008, o historiador Tony Robert Judt (1948-2010) encarava essa condição como a de um singular vestígio do passado, e todo aquele que lhe desse corpo como representante de uma espécie muito provavelmente em vias de extinção. Por isso, vinculá-lo à condição de intelectual público, como o ensaia este livro, impõe um esforço prévio: atribuir um sentido e uma cronologia ao próprio conceito, de modo a assegurar alguma legitimidade ao seu uso aplicado a um determinado indivíduo. Porém, para que tal esforço não se traduza numa inglória experiência essencialista, as duas operações devem avançar em conjunto, uma vez que, longe de ser unívoca e transparente, a categoria mostra-se a todo o momento instável, complexa, múltipla e com um trajeto histórico que jamais foi linear. É esta dupla operação — a demanda de um sentido, nunca único, jamais homogéneo, e, ao mesmo tempo, a inteleção do seu processo de construção, sempre intrincado e sinuoso — que determina o exercício, também ele duplo, que aqui se leva a cabo. Observam-se, pois, em primeiro lugar, os processos de materialização e desmaterialização da figura do intelectual. Depois, esclarecidos, projeta-se um olhar panorâmico sobre a forma como os seus rostos se foram adequando a determinadas funções, sempre com dimensões, rumos e valências de uma natureza vincadamente social.

Uma rápida consulta ao *Oxford English Dictionary* remete para a definição mais curta e simples de «intelectual público»: refere-o como aquele «que expressa pontos de vista (especialmente sobre temas de interesse geral) acessíveis a uma ampla audiência». Na sua concisão e aparente clareza, acaba, todavia, por se revelar insuficiente e contraditória, dado abrir a aceção a um número excessivo e indiferenciado de casos individuais, ao mesmo tempo que conduz à inconveniente eliminação de muitos outros. Além disso, de certa forma empobrece o conceito, ao conferir-lhe um conteúdo *soft*, seja na forma ou no conteúdo. Por isso torna-se necessária uma abordagem bastante mais interrogativa e dinâmica, capaz de refletir sobre os diferentes entendimentos a que pode estar associado o conceito de intelectual, em particular aquele que é reconhecido como público — se é que possa existir outro —, podendo tornar-se, por isso, um auxiliar mais completo e funcional na definição dos rostos concretos que lhe possam estar associados e mostrando, ao mesmo tempo, de que forma a sua identidade difere em muito daquela que é própria de outras espécies de «sabedores» que nos são em regra igualmente familiares, como o profeta, o cientista, o *expert*, o académico ou o filósofo.

Olhado numa significação muito ampla, pode dizer-se que o conceito de intelectual público é bastante antigo. Em *The Public Intellectual. Between Philosophy and Politics*, obra coletiva publicada há uma dúzia de anos, os organizadores abriram-no a uma genealogia longa e diferenciada, que fizeram recuar a Platão. Um dos participantes no volume, Thomas Pangle, enfatiza mesmo que «no centro do palco platónico encontra-se a ideia, ou principalmente a figura, do cidadão-filósofo, personificada em Sócrates» (Melzer, 2003: K413) (*). Na sua leitura de Platão, Pangle relembra o corte profundo de Sócrates com os filósofos que o precederam, fazendo voltar o interesse da especulação filosófica para a esfera do humano, referindo também o método proposto pelo autor de *A República* ao sugerir um padrão de argumentação destinado a ser escutado e entendido pela comunidade, jamais como expressão hermética de autorreflexão. A obra traça, aliás, uma ampla rede de vozes que, antes ainda do nascimento do intelectual, tomado no sentido reconhecido a partir do final do século XIX, destacaram o vínculo daquele que pensa o social em conjunto e para os cidadãos que são os sujeitos do seu pensamento. Entre os romanos, destacam-se Cícero, Séneca, Petrónio ou Marco Aurélio, e, para um tempo muito

---

(*) Algumas obras foram consultadas na versão para o leitor de e-books Kindle, da Amazon. Dada a impossibilidade de mencionar a página correspondente à da edição em papel, a sua referência é precedida da letra K, seguida do numeral correspondente à localização no texto digital.

posterior, lembram-se Erasmo de Roterdão e os humanistas, todos eles notabilizados pelo proeminente papel que desempenharam na vida pública ou na produção de uma ideia de filósofo ou de sábio empenhado no social. Paralelamente, estabelece também uma genealogia de filósofos que procuraram contrariar essa tendência e defenderam o inverso, teorizando sobre a necessidade de confinar a decisão política a um conjunto limitado de indivíduos ou de instituições, excluindo o homem comum dessa área de interesse e de reflexão. Entre estes, Pangle fez sobressair Thomas Hobbes, David Hume e depois Edmund Burke.

Todavia, só o Iluminismo criou as condições teóricas e possibilitou experiências e protagonismos que nos levam a vislumbrar a figura do futuro intelectual público, designado de outras formas, naturalmente, uma vez que o conceito que o fundamenta apenas no final do século XIX começou a ser vulgarizado. Até ao século de Setecentos, de facto, jamais tinham sido produzidas obras comparáveis às de Voltaire, Diderot, D' Alembert, Turgot, Neckar ou Condorcet, pois não existia a noção de que a ciência, a filosofia e o conhecimento em geral deveriam ter como destinatários primeiros, pelo menos de uma forma ideal, a gente comum que tivesse condições materiais para lhes ter acesso. É esta a ideia que se desenvolve no âmbito da filosofia das Luzes, intimamente associada à definição de livre-pensador, o indivíduo para o qual a razão crítica rejeita todo o interdito, venha ele da ordem da religião ou da esfera da política. Este quer-se um homem da *polis*, da cidade, que recusa fechar-se numa torre de marfim e assume o direito e o dever de analisar, de julgar e de criticar, sem outros entraves que não os que ele mesmo entenda aplicar.

Em *Legislators and Interpreters*, publicado em 1987, Zygmunt Bauman enfatizou esse vínculo, ao referir que o conjunto de escritores, poetas, artistas, jornalistas e outras personalidades públicas que a partir da viragem para o século XX se propuseram intervir na vida do coletivo, em nome de uma responsabilidade moral que julgavam vinculá-los ao coletivo, se tornou descendente direto dos *philosophes* das Luzes, membros dessa *république des lettres*, que propunham fazer-se ouvir de uma forma alargada e ter alguma capacidade de interferência nos destinos da sociedade tomada como um todo. Foi por essa época, e sob essas condições, «que a síndrome poder/saber, atributo manifesto da modernidade, foi estabelecida», anotou nessa altura o sociólogo polaco (Bauman, 1987: 6).

Com Jean-Jacques Rousseau entrar-se-á numa etapa superior. Foi o primeiro autor a aperfeiçoar a arte de o filósofo ou de o escritor se comportar socialmente como «uma celebridade», preocupando-se com insistência em estabelecer relações, ao nível físico, pessoal, ou então usando a troca de correspondência, com muitos dos seus leitores, de quem ao mesmo tempo esperava reconhecimento (Johnson, 1988). Rousseau insistiu também, em diversos momentos, na necessidade e na importância de pensar, escrever e comunicar de uma forma singular, conservada independente de quaisquer constrangimentos sociais, tendo chegado, em *Os Devaneios de um Caminhante Solitário* [*Rêveries du Promeneur Solitaire*], escritos em 1776, a insinuar que os compusera apenas para o seu próprio deleite. As relações tempestuosas que, no plano da escrita epistolar e panfletária, manteve com personalidades como Voltaire, Diderot ou D'Alembert, entre muitos outros, são também testemunho da sua intervenção como modelo de polemista, agindo em nome das suas próprias ideias, que só perto de um século mais tarde se viria a expandir. A vontade de interferir no mundo envolvente através da relação com o leitor, o insistente desejo de liberdade e de independência, o interesse constante no confronto de ideias e propostas, transformaram Rousseau num percursor deste tipo de intermediário da ingerência humana na interpretação dos acontecimentos.

Esta genealogia vai ao encontro da sugestão do filósofo e historiador do pensamento político Norberto Bobbio, para quem «toda sociedade em todas as épocas teve os seus intelectuais» ou, de uma forma mais precisa, «um grupo mais ou menos amplo de pessoas que exercem o poder espiritual ou ideológico, em oposição ao poder temporal ou político» (Bobbio, 1978). Tocqueville colocara já na génese do intelectual moderno, no clássico *L'Ancien Régime et la Révolution* (1856), filósofos, escritores e livres pensadores. Todavia, o padrão de intelectual *avant la lettre*, aqui mencionado, correspondia ainda e apenas àquele que Pascal Ory tomou como detentor de uma identidade *sociológica* e *técnica* (Ory, 1985).

A dimensão mais propriamente *ética* surgirá tardiamente, apenas durante o conhecido caso que envolveu Alfred Dreyfus, o capitão de artilharia do exército francês, de origem judaica, acusado de alta traição, preso, despromovido e enviado em regime de prisão perpétua particularmente severa para a ilha do Diabo, na Guiana Francesa. Quando foi possível descobrir que afinal se tratara de um erro judicial, abafado pelas autoridades militares para evitar o escândalo, e a sua defesa foi publicamente assumida por Émile Zola, a partir da escrita e publicação no diário *Aurore*, a 13 de janeiro de 1898, do libelo coletivo «J'Accuse», o episódio transformou-se no «Caso» que apaixonou a opinião pública francesa e teve impacto internacional.

O «Caso Dreyfus» dividiu a França entre os *dreyfusards* e *anti-dreyfusards*, segundo uma lógica que acompanhava a linha de demarcação entre a direita antissemita, essencialmente autoritária e apoiante de uma restauração da monarquia, e uma esquerda democrática e republicana, tendencialmente laica e tolerante. Grande número de professores, estudantes, artistas, escritores, advogados, alinhou do lado dos *dreyfusards* e assinou então petições intercedendo por Dreyfus, com manifestações públicas onde, entre outras palavras de ordem, se gritou, transformando o escritor num segundo herói para os seus apoiantes, «Vive Dreyfus! Vive Zola!».

No essencial, os signatários e os apoiantes da petição publicada no *Aurore* partilhavam a defesa de três direitos fundamentais unidos num gesto coletivo de combate pela reposição da justiça e pela rejeição da arbitrariedade: o direito à indignação pública, o direito a associarem-se para alargar a força do protesto e o direito ao exercício de um poder simbólico, particularmente suscitado pela presença, entre os integrantes do movimento, de muitos cidadãos dotados de títulos académicos ou com notoriedade cultural. Ao mesmo tempo, não visavam apenas a solução de um erro judicial, mas a promoção de um ideal de «verdade», de «justiça» e de «direitos» que transcendia as pessoas diretamente envolvidas, pois, como escreveu Zola, o que os moveu foi essencialmente «a paixão da luz, em nome da humanidade, que tanto sofreu e que tem direito à felicidade» (Zola, 1898: 2). O modelo zoliano de intelectual, por definição empenhado, comprometido, nasceu aqui e irá prolongar a sua notável influência ao longo de mais de meio século, apoiado na assunção e no exercício conjunto e militante desses três direitos.

O historiador Michel Winock chamou a 1898 «o ano dos intelectuais», uma vez que a revisão do processo de Dreyfus, pela qual estes lutaram, ampliou perante a opinião pública o seu prestígio e fortaleceu bruscamente a sua capacidade de intervenção autónoma em matérias que envolviam a cidadania, deixando estas, por tal via, de ser um exclusivo dos homens de Estado, dos políticos profissionais, dos cidadãos envolvidos na militância partidária e sindical, ou dos proprietários dos jornais.

Em *O Século dos Intelectuais*, de 1997, Winock traçou a trajetória deste novo padrão de homem público. É verdade que se apoia quase exclusivamente na experiência francesa, o que pode limitar o alcance do trabalho de inventário avançado no livro, mas é verdade também que na sua fase decisiva, e na qual o impacto da sua missão interventiva obteve uma projeção mundial, foi em França que um maior número de personalidades desta natureza se destacou, surgindo frequentemente como modelos inspiradores de intervenções posteriormente levadas a cabo noutros lugares. Winock segue o trajeto de Zola e de Anatole France, que, aliás, também intervirá ao lado dos *dreyfusards*, mas destaca principalmente vozes exemplares e dinâmicas, alinhadas à esquerda ou à direita do espectro político. Refere, entre muitos outros, Roger Martin du Gard, Maurice Barrès, André Gide, André Breton (como se sabe, ao contrário do *dada*, o surrealismo não se inibiu de um papel político interventivo), Emmanuel Mounier, André Malraux, Albert Camus, Raymond Aron, Simone de Beauvoir, e acima de todos, Jean-Paul Sartre.

Pelo seu pensamento e percurso, Sartre foi para muitos e durante bastante tempo o paradigma e o emblema do intelectual público, prestigiado como filósofo e sempre politicamente *engagé*. O filósofo existencialista insistiu continuadamente em conferir uma base ética e social, funcionando como um «imperativo», à função do intelectual, em particular a do escritor, que considerou jamais poder, ou principalmente jamais dever, abandonar a condição de participante nos debates e nos combates do seu tempo, justamente porque «possui como missão assumir a consciência mais lúcida e mais completa de viver integrado, isto é, porque deve fazer passar para si e para outros a capacidade de elevar a imediata espontaneidade à condição de reflexão» (Sartre, 1948: 49).

Foi esta consciência que o levou a dada altura a aproximar-se dos comunistas, a participar em numerosas campanhas e causas como um dos seus mais notórios *compagnons de route*, e, mais tarde, já próximo do final da vida, a adotar algumas das posições da esquerda radical maoista que esteve associada às efervescências do Maio de 68, ao mesmo tempo que recusou, ao contrário de outros intelectuais com uma diferente conceção de compromisso, aceitar as primeiras denúncias testemunhais do Gulag soviético, tomando ainda a posição radical sobre o papel da violência urbana na luta dos independentistas argelinos que, como se verá adiante, o veio a incompatibilizar com Albert Camus. Porém, tal não foi suficiente: a importância de Sartre ficou também a dever-se ao facto de ter sido elevado, em boa parte por influência da imprensa, a figura central e a símbolo maior desse ambiente parisiense, «a plataforma giratória de Saint-Germain-des-Prés» (Winock, 2000: 415), no qual filosofia, política, edição, artes, espetáculo e estética (incluindo-se, nesta dimensão, a presença muito significativa da moda) agregavam uma influência cultural que, como frisou Sarah Bakewell em *At The Existencialist Café*, viria a ser irradiada para muitos países e até para outros continentes, replicando ali algumas das suas caraterísticas, fazendo que, por vezes, «o existencialismo fosse mais uma moda que uma filosofia», partilhada por todos aqueles que, em certos ambientes, «alguma vez se sentiram descontentes, revoltados ou alienados por alguma coisa» (Bakewell, 2016: 1).

No final, já numa fase de transformação do mencionado paradigma zoliano, Winock refere ainda o papel desempenhado por Michel Foucault. Para este, se também não é possível pensar o papel do intelectual separado do seu compromisso político, torna-se necessário assinalar a diferença entre o «intelectual universal», que replicava ainda, no essencial, a perspetiva e a dimensão de Zola, e aquele a que chama «intelectual específico». Foucault procurou mostrar que o modelo do intelectual que atuava no plano do «universal» e do «exemplar» estaria a ser substituído por aquele outro que se coloca numa posição concreta, num plano essencialmente local e regional, dotado de uma dimensão de comprometimento que apenas será válida se puder atuar no regime de «verdade/poder» no qual estiver concretamente inserido, sem procurar colocar-se no abstrato e universal «plano da totalidade».

Oculta-se assim aquele intelectual tomado como consciência de todos, com uma perspetiva global da sociedade e que se mobiliza e age em função dela, aquele que, nas palavras de Michel Foucault, durante muito tempo «tomou a palavra e viu reconhecido o seu direito de falar enquanto dono de verdade e de justiça» (Foucault, 2007: 9), assumindo a incumbência de representar os pequenos, falando por aqueles que não têm voz ou coragem para o fazer, sendo assim ouvido como representante do universal, ainda que na opinião de Foucault o fizesse, no plano formal, em nome de interesses de uma classe, em particular, de acordo com o contexto histórico da sua época de afirmação, os do proletariado.

Já o «intelectual específico» perde essa dimensão quase profética, uma vez que a sua intervenção teórica está associada a uma prática. A politização do intelectual tradicional, que detinha uma posição privilegiada na sociedade burguesa e no sistema de produção capitalista, no qual agia com um discurso saturado de ideologia, e era tido por único revelador da verdade, passa a ser desacreditada, e o intelectual, que proclamava a verdade para aqueles que não a viam, em nome daqueles que não podiam, começa a compreender que as massas não precisam dele para saber, pois sabem melhor do que ele, tendo em vista que vivem «na pele» aquilo de que ele fala. Foucault apresenta, então, o papel do intelectual como aquele que luta contra as formas de poder, sendo para isso necessário que a teoria seja uma prática localizada, procurando feri-las exatamente onde elas sejam menos visíveis e se mostrem mais insidiosas e sufocantes.

Muito antes, já Karl Marx vinculara a atividade intelectual à ideologia e, desta forma, retirara a dimensão de absoluta independência àquele que a executa. Não no sentido de reduzir a sua liberdade crítica, o que Marx jamais propôs, mas condicionando-a sempre em função de um certo determinismo sociológico, que o coloca, direta ou indiretamente, como expressão dos interesses de uma determinada classe ou filosofia social. A aproximação entre a filosofia e a *praxis*, desde logo mencionada na frase tantas vezes convocada, retirada da XI e última das *Teses sobre Feuerbach*, segundo a qual «os filósofos, até hoje, limitaram-se a interpretar o mundo de diversas formas, porém, trata-se agora de transformá-lo», sugere uma aproximação entre pensamento e ação que tende a valorizar a atividade intelectual como parte do processo de mudança do mundo, mas no conjunto da obra do filósofo alemão a figura daquele que a exerce não é considerada de forma autónoma, funcionando sempre como emanação de um processo histórico que o transcende. A teoria marxista, todavia, procurou ir mais longe. Para Antonio Gramsci, os intelectuais desempenham um papel social importante, embora não se constituam como tal pelo vínculo a um «saber superior», mas antes pelo papel que assumem nas relações sociais. Por isso, o seu lugar e a sua função dependem das mudanças estruturais no quadro das sociedades em que se integram, encontrando-se intimamente ligados aos grupos sociais e às instituições políticas. É neste contexto que assoma a conhecida figura gramsciana do «intelectual orgânico», que o filósofo, cofundador e secretário-geral do Partido Comunista Italiano, definiu como aquele que participa na transformação do mundo na medida em que é capaz de conferir à classe revolucionária, o proletariado, a homogeneidade e a consciência do seu papel histórico e da hegemonia política que está de certo modo destinada a exercer. Neste quadro, o papel do «intelectual orgânico» é essencialmente de organização, de mediação, de persuasão e de produção de valores, tendentes a dar corpo às suas necessidades históricas (Trebitsch, 1998), ao contrário do que ocorre com aqueles que Gramsci considera intelectuais «tradicionais», normalmente vinculados a funções subalternas dedicadas a assegurar a hegemonia social de outros grupos sociais, historicamente condenados a ser suplantados.

Notável também, na perceção de uma dimensão muito própria do lugar e da função do intelectual, foi, ancorado no marxismo crítico e na experiência da Escola de Frankfurt, o debate que opôs Theodor W. Adorno e Walter Benjamin, parte dele centrado no seu legado e, por isso, posterior ao desaparecimento físico dos dois filósofos. Não tratando aqui este confronto de forma ampliada, é importante considerar o modo como ambos olharam o lugar do intelectual, encarado principalmente como artista e como filósofo, na sua relação com a *praxis* social e com o lugar que, na sua época, lhe estaria supostamente reservado. Apesar dos traumas da Primeira Grande Guerra e do advento do nazismo, quando Adorno e Benjamin se relacionaram mais intensamente, os intelectuais alemães ainda se encontravam marcados pela ideia de *Kultur*, isto é, de um espaço autónomo que escapava às imposições da civilização material e técnica (Gatti, 2014), mas que, apesar disso, já dava sinais de alguma mudança. A sua reflexão dialogaria com ela num sentido que importa referir.

Em *A Obra de Arte na Era da sua Possibilidade de Reprodução Técnica*, datada de 1935, Benjamin analisou as alterações que tinham vindo a ser suscitadas pelas novas tecnologias de produção artística, em particular a fotografia e o cinema, na esfera da cultura. Observou as possibilidades por elas oferecidas, em especial a reprodutibilidade das obras de arte, e também o modo como elas estavam a suscitar alterações na produção e na receção das próprias obras, redimensionando de forma muito profunda a sua apreensão e o seu papel na sociedade. O principal argumento deste texto de Benjamin reside no facto de aquela forma de reprodutibilidade provocar a superação do caráter *aurático* da obra de arte. Na verdade, a autenticidade, a unicidade, a tradição, a dimensão única e sacral da *aura* — «uma figura singular, composta de elementos espaciais e temporais: a aparição única de uma coisa distante, por mais perto que ela esteja» (Benjamin, 2006: 214) —, que a tornavam inacessível às maiorias, estavam a dar lugar à existência serial e à natureza aberta e fragmentária que lhe ampliavam tremendamente a capacidade de expansão e de captação de um público.

A obra de arte *pós-aurática* passaria então a desempenhar, segundo Benjamin, uma função social completamente nova. Superava-se o conceito e a prática idealista da cultura, nos quais esta era colocada numa esfera superior, independente da realidade material e desfrutável apenas de forma individual e subjetiva, emergindo, no seu lugar, o conceito e a prática materialista da cultura, nos quais esta se torna uma construção humana, historicamente ancorada, possível de ser desfrutada, apropriada e produzida por qualquer pessoa. Nas suas palavras, «no momento em que o critério da autenticidade deixa de ser aplicável à produção da arte, então também toda a função social da arte se transforma; a sua fundamentação ritualística será substituída por uma fundamentação numa outra prática: a política» (Benjamin, 2006:

216). Torna-se, desta maneira, uma matéria de interesse público, impondo um outro padrão de responsabilidade ao artista e, por extensão, ao filósofo, em particular àquele que Benjamin designa «materialista dialético». Este deve também dialogar com o público, «atribuindo-se a missão de escovar a História a contrapelo» (Benjamin, 2008: 13), isto é, de produzir leituras inovadoras, eventualmente lançadas a contracorrente.

Benjamin, porém, não conheceu a indústria cultural nem o despotismo do mercado, ao contrário do que aconteceu com Adorno ou Max Horkheimer. De facto, para alguns dos pensadores da Escola de Frankfurt essa dimensão só pôde ser incluída nas suas preocupações quando, no contexto da instalação do nazismo e da proximidade da guerra, emigraram para os Estados Unidos. Aí, a situação era inteiramente diversa da alemã, sendo aquela a época em que a publicidade, o cinema, a rádio e, logo de seguida, a televisão, estavam a transformar-se em meios particularmente poderosos de legitimação e de difusão cultural. Adorno pressentiu então que toda uma tradição europeia, universalizante, se encontrava num processo de recuo que considerava catastrófico, já que a *indústria cultural*, fundada no valor do dinheiro, estimulava a passividade e impedia a formação de indivíduos autónomos, independentes, capazes de julgar e de decidir de uma forma consciente. Respondendo a essa perceção na *Teoria Estética*, escrita entre 1961 e 1969, postumamente publicada no ano seguinte, tornará claro o seu afastamento do otimismo de Benjamin em relação ao papel da reprodutibilidade técnica e explanará o seu pensamento sobre o modo como, em tal contexto, que considera dramático, é possível encontrar um processo de salvação do humano. Considerando que não adianta combater o mal com o próprio mal afirma que a antítese mais viável à sociedade selvagem, em processo de instalação — embora, como lembrou António Sousa Ribeiro, Adorno tenha gradualmente suavizado a sua posição de rejeição em relação, por exemplo, ao jazz como género musical e ao cinema (Ribeiro, 2003) —, é justamente a experiência, de certa forma o refúgio, proporcionado pela arte.

Para Adorno, esta é, pois, um instrumento de libertação das amarras dos sistemas, autonomizando o sujeito e conferindo-lhe assim humanidade. Enquanto para a *indústria cultural* é um mero objeto de trabalho e consumo, através da arte, na sua dimensão plena, historicamente ancorada, o indivíduo mantém-se um ser livre para pensar, sentir e agir. A arte, e o pensamento que lhe está associado, surge assim como expressão de perfeição diante da realidade imperfeita imposta pelos mecanismos da indústria da cultura. Embora, por isso mesmo, se autoexclua do interesse vulgar. Esse é igualmente um espaço de resistência. Como escreve no ensaio «Resignação», publicado em 1969, «a tendência universal para a repressão opõe-se ao pensamento como tal; este é felicidade, mesmo onde a infelicidade prevalece. (...) Aquele que não a deixar definhar em si não se resignou» (Adorno, 2003: 196).

Neste trajeto sucinto da construção, da evolução e do impacto do conceito de intelectual público importa também projetar um olhar sobre Hannah Arendt. Não tanto pela reflexão específica sobre o tema, que também foi desenvolvendo, mas principalmente pelo facto de ter passado a maior parte do tempo da sua vida ativa como filósofa interessada em duas vertentes que são aqui de grande importância: de um lado, a aproximação da reflexão filosófica da intervenção política, jamais aceitando que, no que lhe dizia respeito, esta se cingisse aos gabinetes e anfiteatros universitários; do outro, o envolvimento em debates polémicos, nos quais nunca abdicou da posição, por esta forma estabelecida, de «filósofa pública».

Homens em Tempos Sombrios, de 1968, é uma coletânea de ensaios reunindo nove biografias de intelectuais do seu século que pautaram a vida, o trabalho e a reflexão própria por preocupações de natureza ética assumidamente tomadas como partilhadas, vividas em tempos, lugares e circunstâncias onde essa escolha envolveu inevitavelmente grandes perigos e custos pessoais: Rosa Luxemburgo, o papa João XXIII, Karl Jaspers, Hermann Broch, Walter Benjamin e Bertolt Brecht, mas também Isak Dinesen (na verdade, a escritora dinamarquesa Karen Blixen), o cientista político católico antinazi Waldemar Gurian e o poeta e romancista norte-americano Randall Jarell. Homens e mulheres que, para Arendt, ofereceram «a chama incerta, vacilante, e muitas vezes ténue», que, para quem os pôde seguir, representaram «a luz de uma candeia ou a de um sol abrasador» (Arendt, 1991: 10), servindo, assim, de estímulo e de exemplo. Já a publicação de obras como *A Origem do Totalitarismo*, saída em 1951, e *Eichmann em Jerusalém*, de 1963, permitiu uma abordagem das circunstâncias e das responsabilidades partilhadas nesses tempos sombrios, refletindo sobre a banalização do terror, «do mal», e a manipulação das massas sob regimes profundamente autoritários que, em comum, possuíam, entre outras marcas, a rejeição da liberdade individual, tornando particularmente difícil, mas também necessária, a afirmação de vozes capazes de os contrariar. O papel do pensamento, do uso da racionalidade, para combater a irracionalidade foi central no posicionamento de Arendt perante este tipo de problemas.

Na interceção da afirmação dos regimes belicistas e concentracionários, apoiados nessa irracionalidade, com a Segunda Grande Guerra e, depois, com a era de reequilíbrio provisório dos poderes que se lhe seguiu, resultou, entretanto, uma forma particular de revisão do lugar e do papel dos intelectuais. E se a emergência das diferentes formas de «experiência totalitária» mobilizou muitos deles para uma atividade de resistência aos seus modos e aos seus efeitos, também é verdade que muitos foram aqueles que, de uma forma aberta, militante, ou apenas por omissão, pactuaram com os propósitos dos governos e dos movimentos de natureza política que lhe deram corpo. Como constatou Stefan Zweig, em 1942, no autobiográfico *O Mundo de Ontem* [*The World of Yesterday*], uma certa Europa cultivada morreu com a chegada do nazismo ao poder, tendo muitos intelectuais alemães e austríacos procurado o exílio para fugir à sua influência, enquanto outros eram deportados ou aceitaram pactuar.

Algo de relativamente simétrico se passaria, principalmente no pós-guerra, com a aceitação por muitos outros artistas, escritores, filósofos ou académicos, particularmente em Inglaterra e em França, da influência política e ideológica da União Soviética e do estalinismo, observada ainda que já existissem relatos da opressão da liberdade política e da feroz repressão de qualquer vislumbre de oposição nos Estados que se consideravam «do socialismo realmente existente». Isto acontecia, de forma tão curiosa quanto dramática, precisamente num tempo no qual muitos protagonistas da condição intelectual nesses países começavam a assumir posições de efetiva dissidência.

Aliás, o debate sobre a construção do intelectual público supunha, desde o início, uma outra discussão a propósito da caraterização e da possível degradação do seu posicionamento ético e do seu lugar político. Em 1923, o escritor e filósofo francês Julien Benda publicou o ensaio *La Trahison des Clercs*, no qual questionou uma politização excessiva, consonante com o enquadramento partidário ou as opções ideológicas de muitos — visava principalmente os intelectuais nacionalistas de direita, mas também os marxistas —, exigindo que defendessem os valores universais, e não os valores associados a um só partido ou a um único grupo. Acima de tudo, Benda pugnou por uma independência matricial, exaltando o dever do intelectual, esse «letrado laico», pautado pelos valores da razão, diante de todas as tentações do «temporal», o que é contra todas as influências que lhe diminuíssem o seu grau de independência e assim o afastassem da missão singular que considerava deter. Benda acreditava que este deveria cultivar a arte e o pensamento puro, sendo a sua dimensão de felicidade essencialmente espiritual, «dizendo de certo modo: o meu reino não é deste mundo» (Benda, 2013: K1159). A «traição» da qual falava consistia em entender que os *clercs* estavam em larga medida a subordinar a inteligência a preconceitos terrenos, que não eram, na sua opinião, aqueles para os quais estariam talhados.

Existe, assim, em Benda, uma propensão pessimista para considerar como uma degradação a dimensão de militância que o intelectual vinha em boa parte incorporando, afastando-se da sua definição como «homem da Razão pura, unicamente dedicado à verdade, desprezando todo o interesse terreno, individual ou coletivo» (Winock, 2000: 203). Uma degradação que, aliás, lhe parecia já muito difícil de contrariar.

A verdade evidente é que o lugar social e o papel interventivo dos intelectuais dependeram sempre da História e das suas circunstâncias, sendo sempre estas a condicionar o destaque da sua voz e a conferir-lhes a capacidade de influenciar os outros. Por isso, a partir do pós-Segunda Guerra Mundial, mas principalmente a partir das décadas de 1960 e 1970, a expansão das causas e dos núcleos de interesse cultural, a disseminação da cultura de massas e do consumismo, a expansão daquilo que Guy Debord considerou a «sociedade do espetáculo», criaram as condições para a implosão completa do modelo *sacerdotal* proposto por Benda, dissolvendo também gradualmente o peso da voz daqueles que, usando meios de comunicação, eles próprios em profunda e rápida transformação, ainda se arrogavam servir de consciência crítica e de guia, em condições de determinar as opções de vida e, principalmente, as perspetivas e escolhas de natureza política daqueles que os reconheciam e seguiam.

O historiador israelita Shlomo Sand lembrou recentemente que a notoriedade de Sartre ou de Foucault adveio do peso intelectual das suas obras, que em nada se deveu ainda à interferência dos meios audiovisuais. Todavia, a irrupção da televisão suscitou um outro olhar sobre os intelectuais, o que em França se deveu em boa parte à iniciativa do jornalista Bernard Pivot e ao seu programa *Apostrophes*, que foi para o ar entre 1975 e 1990, e no qual, segundo Sand, se passou a decidir quem tinha ou não direito à classificação, formalmente ainda elogiosa, mas cada vez mais imprecisa e diluída, de intelectual (Sand, 2016).

Esta classificação passa então, num contexto em que a definição de cultura havia superado o confinamento à literatura, às artes e ao pensamento, a incorporar também o cinema, a televisão, a moda, a arquitetura ou a arte efémera, pela construção de um território inteiramente outro. Pierre Bourdieu fala mesmo, em *Sobre a Televisão* [*Sur la Télévision*], da emergência do *fast-thinker*, o pensador-rápido associado à urgência de comunicar de forma célere e simplificada (Bourdieu, 1996). Tem sido sugerida, aliás, a emergência do «intelectual-jornalista», geralmente oriundo das universidades, que se importa mais com o impacto do discurso que propõe do que com a relevância do saber por ele transmitido, em larga medida comprometido com o senso comum ou com opiniões predeterminadas pelos detentores do poder político ou pelos donos dos meios de comunicação, procurando muitas vezes agradar-lhes e distanciando-se totalmente da dimensão de compromisso que, no passado, havia identificado o «autêntico» intelectual (Pereira, 2004). O analista político, o *pundit*, como lhe chamou Josef Joffe — adaptando ao inglês a palavra do sânscrito *paṇḍitá*, usada para designar «aquele que detém o conhecimento» —, é agora, de uma forma crescente, um especialista em tudo, da política ao desporto, da cultura à moda, abordando, do sexo ao crime, tendo ocupado o seu lugar por ser capaz de incorporar uma capacidade particular para expor e se expor no ambiente amplo e competitivo dos meios de comunicação (Melzer, 2003).

Existe um vínculo entre este padrão sonoro, repercutido pelos *media* através da voz destes novos *intérpretes*, segundo a denominação proposta por Zygmunt Bauman, e a situação de gradual emudecimento, ou de progressivo recuo para uma posição de silêncio, dos intelectuais «originais» (Bauman, 1987). Em *O Silêncio dos Intelectuais*, obra coletiva resultante de um encontro académico sobre o tema que decorreu no início deste século na Universidade de São Paulo, Adauto Novaes chama-lhe, recuperando a acusação de Benda, «a segunda traição dos intelectuais», traduzida no progressivo desaparecimento do espaço público, neste «tempo de incerteza» para a sua condição e o seu papel, daqueles que ainda representam o modelo original (Novaes, 2006).

A filósofa Marilena Chauí, no mesmo volume, fala até do «intelectual comprometido» como «figura em extinção», identificando três causas para que tal esteja a acontecer. A primeira é «o amargo abandono das utopias revolucionárias, a rejeição da política, um ceticismo desencantado», em boa parte determinado «pela falência da experiência soviética, pelo recuo da social-democracia e pelo triunfo da ética neoliberal»; a segunda é o encolhimento do espaço público e o alargamento do espaço privado, tornando determinantes, em relação a quaisquer outros códigos ou valores, a influência do mercado e a lógica do cidadão-consumidor; a terceira causa é «a nova forma de inserção do saber e da tecnologia no modo de produção capitalista», transformando-se os seus atores em agentes diretos. Chauí deixa, no entanto, um vislumbre de esperança na possibilidade de esta situação não traduzir necessariamente o fim da linha para os intelectuais, invocando as palavras de Maurice Merleau-Ponty sobre o papel necessário do filósofo como «revoltado», como aquele a quem «a revolta agrada», e que é sempre reconfortante, ao «ouvir que as coisas como estão vão muito mal», reconhecer que existe sempre quem entreveja uma saída, materializada nesse ato de revolta, pessoal ou coletiva (Chauí, 2006: 41–42).

Estabelecido este breve trajeto, connosco já quase a superar a segunda década do século XXI, o que é possível então entender objetivamente por «intelectual»? E que função pode ele hoje cumprir? E de que modo se aproxima o rosto que lhe podemos desenhar daquele que Tony Judt, que é o motivo central deste livro, foi testemunhando ao longo da vida? Para se chegar a este ponto é necessário prosseguir por mais algumas páginas a reflexão, de caráter mais abrangente, destinada a definir a sua caraterização e, em função dela, a inquirir sobre as condições da sua existência presente futura.

É possível questionar se o intelectual é, por exemplo, alguém cuja atividade e liberdade lhe permitam prosseguir, dentro de um quadro profissional sensivelmente contante, interesses de uma natureza puramente centrada no «intelecto», na *inteligência*. Incluir-se-iam no grupo, sob essa perspetiva, as pessoas que podem trabalhar com regularidade no domínio académico, no qual a atividade de pesquisa e comunicação de resultados faz conjugar, como prática habitual e essencial, estudo, reflexão e divulgação de resultados. Se assim fosse, o *homo academicus*, identificado de um modo abertamente crítico por Pierre Bourdieu como «classificador entre os classificadores, nas suas classificações» (Bourdieu, 2011: 287), dentro de um universo frequentemente marcado por tradições, relações de força, interesses e estratégias, sê-lo-ia sempre de um modo completo.

Todavia, a dependência desta espécie de trabalho dos poderes públicos e de financiamentos, públicos ou privados, que condicionam a dimensão de autonomia, determinará sempre limites inevitáveis. Será que podem, nestas condições, aqueles que pensam de uma forma crítica ou desfavorável ao paradigma social prevalecente e à ordem dominante dos saberes, fazer parte do território de independência e liberdade que se encontrou, como se viu, historicamente associado ao papel do trabalho do intelectual na sua relação com o domínio do público? No artigo «The Ethic Academic: Academics as Public Intellectuals», uma boa síntese escrita a propósito desta proximidade, Jim Parsons considera que ela apenas é possível se estes «utilizarem aquilo que os distingue para intervir de forma pública sobre a relação entre a sociedade e o universo das ideias» (Parsons, 2013: 44), coisa que muitos não têm vontade ou não estão em condições de fazer. Já Richard A. Posner supõe a proximidade do *scholar* à condição de intelectual, no sentido, segundo ele, de se encontrar em curso uma deplorável, embora rápida, «academização do intelectual» (Posner, 2003).

Pode alargar-se este plano da observação colocando ainda outras dúvidas, destinadas a esclarecer o sentido, ao que se viu já profundamente polissémico e movediço, tomado pelo conceito. É possível, assim, questionar se, por intelectual público, pode tomar-se alguém que se dedica a um trabalho especializado no campo da cultura, publicamente reconhecido como tal, e que intervém projetando apenas informações e perspetivas fundadas na sua especialidade. Ou apenas se deverá considerar aquele que tem uma via de comunicação direta com um público alargado, sendo sobretudo ou exclusivamente através deste que vê o seu *métier* reconhecido. Ou então, detenha ou não uma forma de comunicação com um público, quem desenvolva uma experiência intelectual direcionada em benefício deste. Ou refere-se a alguém cuja atividade desta natureza resulta de um trabalho dedicado à comunidade e pago pelos cofres públicos?

Mais simplesmente, pode também questionar-se se o será aquele que, independentemente de se tratar de um cidadão comum ou de um profissional, se interessa por iniciativas ou assuntos considerados de natureza intelectual.

Todavia, especular de um modo inteiramente livre em torno de perguntas desta natureza não resolverá muito o problema, uma vez que certas aceções, que ainda há cinquenta anos, ou mesmo um pouco menos, seriam operativas, mostram-se agora facilmente inadequadas, perante a realidade e os códigos de um tempo que é aquele, muito próximo e particularmente volátil e veloz, com o qual hoje nos confrontamos.

É, pois, preferível definir umas quantas caraterísticas comuns que permitam identificar um modelo autónomo, situado numa dimensão que não se circunscreve à atividade profissional do indivíduo que o assume, e cujo reconhecimento podemos adotar sem receio de errar muito o nosso alvo. Num artigo curto, mas bastante útil, intitulado «What does it mean to be a public intellectual?», o filósofo e pedagogo britânico John Issitt propõe cinco caraterísticas, destinadas a permitir esse reconhecimento. Combinadas ou não, parcialmente ou na totalidade, elas permitem traçar um perfil, necessariamente não exaustivo, mas bastante completo e aberto, que, com alguma clareza, permite estabelecer uma identidade efetiva, coerente e capaz de uma abrangência bastante operativa. Por este motivo são aqui adotadas (Issitt, 2013). Elas desenham um perfil que, como se irá ver, se adequa muito bem à figura e à intervenção de Tony Judt.

A primeira caraterística proposta define-o como um *dissidente*. A palavra chega do latim *dissentire* («dis sentire», ser de opinião diferente, discordar, não admitir, repelir) e designa, necessariamente, alguém que, convivendo com um sistema político estabelecido e com as formas de pensamento e códigos de valores nele preponderantes, diverge claramente deles, por vezes de uma forma radical, procurando colocar-se fora da sua influência ou, em alguns casos, contestando-os frontalmente. Não se trata, de modo algum, de um marginal, pois esta condição forçá-lo-ia sempre a um processo de autoexclusão social e do teatro da política. Pelo contrário, e embora possa ser apresentado por quem detém o poder como um *estranho* (Pels, 2000), o dissidente diverge da maioria, ou das ideias comummente acolhidas, justamente de um modo que associa a discordância ao esboço, à construção e à propagação de uma alternativa que lhes é expressamente colocada. O *dissidente* intervém, corta, se necessário combate, não se limitando a afastar-se, e muito menos a permanecer mudo. Porém, é justamente por isto que pode ser excluído — e é-o em regra — por pessoas, grupos ou instituições que coloca em causa ou que visa contrariar. O seu lugar é, pois, o do desconforto, por vezes o do *nómada intelectual* (White, 2008), peregrino das ideias mesmo quando o seu trabalho de denúncia ou de contestação se encontra episodicamente associado a um grupo informal ou a um movimento que com ele partilha as objeções ao pensamento e à ordem contestados.

Foi este papel que cumpriram, sob os regimes autoritários que procuraram levar a cabo um processo de controlo das consciências, entre outros casos, momentos e lugares, os dissidentes que se opuseram, visando tanto quanto possível propagar as suas convicções aos regimes do «socialismo realmente existente», desde a União Soviética até à China. Foi este papel que cumpriram também aqueles que contestaram os regimes autoritários de extrema-direita do pós-Segunda Guerra Mundial, em particular na Península Ibérica e na América Latina, e os «intelectuais moderados» árabes que têm procurado opor-se à propagação e às escolhas determinadas pelos setores islamitas mais radicais.

A segunda caraterística do intelectual público anotada por Issit define-o como um *transmissor*, seja como revelador do que considera ser uma determinada forma de verdade ou uma convicção a propósito do funcionamento do universo no interior do qual a sua intervenção tem a capacidade de se propagar, seja como denunciador de escolhas e de práticas que considera pôr em causa. Sob esta perspetiva, as suas escolhas e as suas atitudes públicas encontram-se vinculadas a uma missão nuclear, que consiste em mostrar e em pugnar, junto das sociedades onde inscreve a sua atividade, por perspetivas que carecem de reconhecimento e das quais se constitui, à maneira dos antigos românticos, como voz e como intérprete. Afirma-se, desta forma, num processo de luta contra a corrente imposta pelo pensamento dominante e pelas expectativas assumidas pelas instituições e instrumentos do poder de Estado, ou das suas derivações orgânicas ou funcionais.

Podem encontrar-se exemplos radiosos e persistentes do cumprimento deste papel em todo o século XX, mas em particular no período conturbado, correspondente às décadas de 1920 e de 1930, que separou os dois grandes conflitos mundiais; depois, no tempo de grande tensão que segue de imediato a Segunda Guerra Mundial; e, finalmente, durante as cerca de duas décadas de grande agitação e mudança pelas quais se distribuíram os «longos anos 60». No primeiro momento, que corresponde a um tempo de conflitos intensos e de disposição dos intelectuais ao serviço de causas vinculadas a ideologias de pendor nacionalista e autoritário, ou, inversamente, socialista, libertário ou republicano, foram inúmeros os atores que neste domínio propagaram as grandes convicções em presença, chegando mesmo a bater-se fisicamente por elas. No segundo momento, que corresponde também ao início da Guerra Fria, o seu papel foi igualmente muito importante na identificação pública dos campos antagónicos em presença, ou na crítica das consequências do seu confronto. No terceiro momento, a construção de um complexo de culturas de natureza «antidisciplinar», a expressão é proposta por Julie Stephens (Stephens, 1998), traduziu-se num questionamento radical, ocorrido em todas as áreas do conhecimento, da criação ou da vida social, e que foi particularmente favorável ao surgimento de novos agentes procedentes de um campo intelectual capaz, sob novas condições de comunicação, de obter um impacto público importante.

A terceira caraterística proposta por John Issitt toma-o como um *pensador*, o que depende, em larga medida, do domínio muito específico da atividade humana dentro da qual exerce o seu trabalho. Nestas condições, é-lhe inerente o reconhecimento de uma capacidade para refletir que se situa bem além das obrigações de natureza moral e política às quais estão sujeitas outras vozes com ressonância pública, mais dependentes de um certo número de condicionalismos de natureza política, social ou cultural. Neste papel, o intelectual pode ser sujeito a acusações de individualismo ou de elitismo, uma vez que se situa dentro de um espaço protegido e, de alguma forma, fala a partir de uma espécie de púlpito que não é acessível a todos. Porém, é justamente aí, pela liberdade de pensar e de promover a reconfiguração do real que lhe está associada, que reside a sua enorme importância social e o seu papel como instrumento capaz de romper bloqueios e de criar dinâmicas. Personalidades como Sartre, Beauvoir, Camus, Arendt, Althusser, Foucault, Lévi-Strauss, Barthes, Bourdieu, Deleuze, Derrida, Chomsky, Susan Sontag, Eduardo Galeano, Todorov, e tantos outros, preencheram, e alguns deles, vivos ou mesmo mortos, continuam a preencher, esse papel de mentor ou de intérprete.

Já a quarta caraterística refere o intelectual como um *especialista*. Isto significa que uma parte do seu reconhecimento, no que respeita à capacidade para interferir de forma pública em determinados padrões de interpretação do real social, se fica a dever ao facto de falar a partir de um lugar identificado, definido em função da posição que ocupa num campo específico do conhecimento e dos seus instrumentos de comunicação. O professor, o cientista, o investigador, o técnico, por vezes o sacerdote ou aquele que detém cargos que requerem uma determinada dimensão de preparação profissional encontram nesta uma razão de legitimidade que lhes permite superar o facto de não defenderem pontos de vista, lógicas ou estratégias que sejam consensuais ou tenham o apoio das instituições que veiculam as formas dominantes de poder. É essa dimensão de *expert*, de alguém que num certo domínio se ergue acima do conhecimento vulgar, que lhe confere prestígio e faz que a sua voz seja reconhecida e projetada. John Maynard Keynes, Albert Einstein, Carl Sagan, Stephen Hawking ou Judith Butler, como exemplos, foram e permanecem amplamente reconhecidos a partir dessa qualidade.

Seguindo ainda a proposta de John Issitt, a quinta, e talvez a mais controversa das marcas distintivas, mas também aquela que tem um traço mais evidente de atualidade e de alteração da qualidade, toma-o como uma espécie de *media superstar*, uma *superestrela dos media*, cujo papel e influência, voluntários ou não, são determinados pelo vínculo a um ou a vários dos instrumentos de comunicação social. Detendo, além disso, um impacto que hoje em dia é particularmente ampliado pela capacidade de expansão e de réplica suscitada pelo lugar da informação digital e em linha, e pela forte dinâmica do fluxo de informação projetado pela interferência das várias redes sociais. Este é um traço que possui uma notável marca de contemporaneidade, uma vez que apenas pode ser entendido sob as circunstâncias de um tempo no qual, tantas vezes, o fator de credibilidade ou de reconhecimento que se aplica a determinadas vozes depende, como fator primordial, e menos até que da sua formação ou originalidade, da presença regular nos meios de comunicação, em particular na televisão e nos jornais, que oferecem a possibilidade de os textos de opinião e análise que publicam serem repetidos, ecoados ou glosados em *sites* diferentes, em blogues, no Twitter ou no Facebook.

Sobretudo a partir da década de 1980 são inumeráveis os comentadores televisivos, os autores de colunas de jornais, muitos deles também escritores ou mesmo filósofos — como Bernard-Henri Lévy ou Slavoj Žižek, meros exemplos retirados de dois tempos diferentes —, mais tarde os *bloggers* ou participantes em publicações concebidas principal ou exclusivamente para a Internet, cuja voz é, independentemente do seu valor intrínseco, em boa medida difundida graças à projeção possibilitada por uma exposição mediática regular, tendente a criar laços de proximidade ou mesmo de empatia com os leitores/ /espectadores, agora encarados de uma forma que considera cada vez menos a relação pessoal e subjetiva, sobretudo como um público.

Pode dizer-se, e mais adiante este aspeto será retomado, que Tony Judt, apesar de mergulhado, no que diz respeito à formação, ao compromisso e à sua atividade pública, no modelo do intelectual ainda dominante no imediato pós-guerra, adquiriu nos últimos anos de vida um estatuto público em boa parte associado à atividade regular que manteve nos *media*, em particular nos jornais, incluindo as respetivas edições *online*, os quais já eram, ao longo da última década, os principais instrumentos veiculadores da atividade jornalística nos Estados Unidos da América, onde entretanto Tony Judt sediara a sua vida. É, todavia, absolutamente errado referi-lo, o que já tem acontecido, como um produto do *star system*, ao qual, de facto, jamais pertenceu.

Reside nesta dimensão, entretanto, uma das caraterísticas que podem subverter a identidade do intelectual público, banalizando o conteúdo ou reduzindo o impacto da sua voz. Corresponde à emergência, favorecida também ela pela expansão dos *media*, do que se apresenta como «especialista em tudo», o por vezes chamado *tudólogo*, daquele que tem uma palavra sobre qualquer assunto, que fala sobre o que quer que seja, que se desdobra em aparições, surge em diferentes lugares, usa os mais diversos processos de comunicação, em direto ou em diferido, pela escrita, voz ou imagem. Sendo, eventualmente, conhecedor em algumas áreas, arroga-se, porém, a falar sobre todas elas. Não como qualquer cidadão, a fruir do direito à opinião que nas democracias permite abordar praticamente qualquer tema, mas como alguém que, pela projeção mediática obtida e que se esforça por manter ou ampliar, pelo grau académico que adquiriu, ou pelo lugar institucional que detém, ou ainda pela influência pessoal que em determinados contextos soube projetar se arroga a tratar qualquer tópico com um grau de autoridade aparentemente idêntico, sobrepondo- se mesmo aos que sobre este possam deter formação superior e experiência reconhecida, mas se conservem discretos. E, pior, sendo esta aceite e ampliada justamente pelos meios de comunicação que teriam o dever de intermediar de forma crítica as incongruências ou as vacuidades que inevitavelmente, na sua verborreia, produz e exibe.

Para além destes cinco traços distintivos sugeridos por Issitt, úteis para uma caraterização formal e bastante abrangentes de uma multiplicidade de indivíduos e de situações, existe ainda um outro, que com eles inevitavelmente coabita e sem o qual os restantes terão sempre dificuldade em produzir um sentido singular que possa ser socialmente decifrável. O intelectual público apenas o é, na completa acessão do termo, por não ser parte assimilada e anónima de uma polifonia que o force a compartilhar uma pauta, por possuir uma voz singular, associada a uma atitude de reflexão, determinada pelo usufruto pleno, ou pelo menos parcial — exercido de forma legal mas, se tal for necessário, com recurso à atividade clandestina —, de uma dose intransigentemente individual de liberdade e de independência, conservada mesmo nos momentos nos quais assume uma causa partilhada, adere a um programa político ou aceita um compromisso com um determinado partido. Nestas condições, a responsabilidade que assume depende em primeiro lugar de um pacto maior, não assinado, mas reconhecido pelo próprio e por quem o segue, que estabelece com o indivíduo que o lê, escuta ou observa. Aliás, é justamente esta independência que lhe confere um determinado grau de respeitabilidade e de reconhecimento, e que lhe permite, mesmo na singularidade ou na discordância, fazer ecoar os seus pontos de vista.

Este pacto estabelecido com quem o lê, escuta ou vê depende sobretudo do reconhecimento da legitimidade e da autoridade da sua voz como expressão de uma proposta avalizada, não tanto pelos instrumentos dos quais se serve para a propagar, mas pelas condições pessoais e qualidades particulares que foi desenvolvendo para o poder fazer, de uma forma pública, em condições de dialogar com as diferentes formas de as suas audiências perceberem, sentirem, pensarem, escolherem e agirem no campo social.

É verdade que o intelectual, mais atrás referido, que se assumia como alguém que, pela sua formação, integridade e sentido da História, se tornara capaz de ter acesso a uma verdade universal e de a levar aos outros como um transmissor da «boa nova», quase como um profeta, desapareceu com a derrocada, ou, mais provavelmente, com o recuo na consideração pública, daquilo a que Lyotard chamava as «metanarrativas», permanecendo na memória das gerações que o precederam como expressão nostálgica e melancólica do passado intensamente vivido, mas perdido, dos quais falaram Svetlana Boym e Enzo Traverso (Boym, 2001; Traverso, 2016). Porém, a sua presença enquanto alguém, como escreveu Edward Saïd, que é capaz de projetar a liberdade humana e o conhecimento, e com isso reunir condições para sacudir ou para perturbar o *statu quo*, mantendo uma dimensão de equilíbrio entre a sua liberdade pessoal e o impacto que consegue obter junto do coletivo, mantém-se como definidora de uma espécie que, apesar de aparentemente em vias de extinção, e de forma inevitável dotada de rostos e de práticas cada vez mais diversos e mais rapidamente renovados, continua a povoar o nosso quotidiano.

Como se viu, ainda durante os anos 70 Michel Foucault anunciou a queda da sua antiga influência, a sua transformação, ou, num certo sentido, o seu fim, mas existe uma dimensão de permanência da sua constância como povoador de um tempo público, associado ao encontro do ato de pensar em privado como parte da preparação para a ação do coletivo que, regressando a Marilena Chauí, se encontra «associado ao saber e à arte como crítica do presente e expressão do novo», à política «como ação que se inventa a si mesma» e à história «como campo do possível», em rebelião contra o conformismo que agrega a antítese de tudo isso (Chauí, 2006: 41).

Em *Où sonts passés les intelectuells?*, composto por uma conversa longa e estimulante com o antropólogo Régis Meyran, fundamentalmente a propósito do lugar do intelectual no universo contemporâneo, Enzo Traverso atribui-lhe, relembrando as reflexões autónomas de Edward Saïd e de Adorno sobre a importância na música do contraponto e da dissonância, uma intervenção que com ele se afigura mais próxima do contraste que da harmonia tonal, usando esta ideia como uma metáfora sobre o papel que a este tipo de agente cultural considera continuar a caber: «o intelectual questiona o poder, objeta o discurso dominante, provoca a discórdia, introduz um ponto de vista crítico» (Traverso, 2013: K59). Na verdade, Traverso recupera o sentido zoliano do conceito, se bem que, no tempo que agora cruzamos, seja insensato e irrealista considerar que ele possa ser retomado de forma idêntica. Para o historiador italiano, a sua reabilitação passa por uma alteração do cenário no qual se move, passa por uma reconsideração do conceito de espaço público, que atualmente incorpora necessariamente estratégias, tecnologias, e linguagens a elas associadas, que não existiam há meio século, quando aquele modelo, ainda o de Sartre e de Foucault, feito basicamente de papel e tinta, conservava capacidade de captar admiração, prestígio e anuência.

De algum modo, esta ideia vai ao encontro de outra que foi avançada há uma vintena de anos pelo historiador das ideias Louis Bodin. Em *Les intellectuels existent-ils?*, este realçou o lugar que julgava que os intelectuais continuavam a deter como mediadores culturais, defendendo, para uma sociedade fragmentada por saberes múltiplos, por discursos discordantes, por microcosmos às vezes dotados de uma fraca capacidade de ligação ao meio envolvente, que o seu papel é o de «elementos integradores» (Bodin, 1997: 179) pelo saber que detêm e pela capacidade de interpretação de que são capazes. Figuras imprescindíveis, conferindo um sentido ao que de outro modo permaneceria disperso, inconsequente e indecifrável.

Porém, antes ainda da interpretação proposta por Bodin vir a lume, Edward Saïd, nas palestras proferidas no ano de 1993 em Reith, na Áustria, que foram reunidas no volume *Representações do Intelectual*, adiantara já a sua chave para identificar o lugar que considerava ser de manter para os intelectuais.

O que interessou Saïd foi o intelectual enquanto figura representativa, alguém que visivelmente reproduz um ponto de vista, mas também que leva determinadas expectativas e perspetivas até um público, apesar dos entraves que lhe são sempre colocados. «O meu argumento», escreveu o pensador, crítico e ativista palestiniano, «é que os intelectuais são indivíduos com vocação para a arte de representar, quer se trate de falar, escrever, ensinar, ou aparecer na televisão», vincando que essa vocação é importante «na medida em que é reconhecível publicamente e envolve, em simultâneo, empenhamento e risco, arrojo e vulnerabilidade» (Saïd, 2000: 29).

No mundo que presentemente cruzamos, é impossível, e por isso impensável, recuperar o modelo de intelectual que dominou grande parte do século passado. Zola morreu e Sartre também. Sem deixarem descendência. Mas parece possível, isso sim, e necessário também dadas as necessidades que tal permite preencher, reinventar a figura, as suas funções e o seu papel, num tempo no qual a cena pública se desloca rapidamente da praça, da tribuna e dos meios de comunicação tradicionais para outras paragens, outros espaços e outros meios, cada vez mais miscigenados e associados a novos paradigmas e territórios da cidadania.

Neste âmbito, o lugar que foi ocupado por Tony Judt como historiador e intelectual público não só se adequou de forma cabal ao conjunto de caraterísticas propostas por Issitt, atrás enunciadas, como teve em linha de conta a reformulação do modelo operada sensivelmente a partir dos anos 80. Aquele modelo que foi construído nos ambientes e partilhado pelas personalidades que estudou, referidos em pormenor mais adiante, já pouco tinha que ver com esse outro entretanto posto em marcha. Todavia, independentemente dessa adequação, nota-se na obra do historiador britânico um claro referente que tem como ponto de partida o modelo original do intelectual comprometido. Não só pelos temas que escolheu, pelas personalidades que estudou, pelos momentos e problemas da história do século xx que entendeu observar e compreender, mas também devido à forma como o fez, sempre numa relação de grande empatia com esses objetos, os seus objetos. Samuel Moyn considera que Judt, apesar de nascido do lado oposto do Canal da Mancha, incorporou alguns dos elementos essenciais do *Intellectuel français* (Moyn, 2011), que, nas primeiras obras, por vezes, ainda lhe parecia um tanto perverso, mas depois, de um modo gradual, cada vez mais manifesto, foi reconhecendo como positivo e mesmo admirável.

Ocorreu, de facto, no pensamento e nos escritos de Tony Judt, como até em algumas das suas escolhas pessoais, uma procura visível da remissão do *ethos* transportada pelo intelectual público, independentemente das formas que este tomou e das conjunturas com as quais foi cruzando a sua iniciativa. Esse *ethos* encontra-se associado a uma fusão do conhecimento e da clarividência que este sempre transporta consigo com uma vontade de participação política, não necessariamente diária, partidária, diretamente *engagé*, mas vivida como uma preocupação constante, articulada com um dever, que se encontra inscrita na sua consciência e está permanentemente presente na atividade que desenvolve. O singular — não irrepetível, mas singular — em Judt encontra-se no facto de este ter procurado transpor essa dimensão pessoal de compromisso para a atividade intelectual que é, em boa parte, própria do historiador, ou conflui com a natureza da sua experiência profissional. É desta operação que trata o capítulo seguinte.

2.
HISTÓRIA E PARTICIPAÇÃO CÍVICA

A consideração de Tony Judt como intelectual público coloca sobre a mesa a própria definição do lugar ocupado pelo conhecimento histórico e, sobretudo, do papel social e político do historiador, muito em particular aquele que o é de um modo profissional. Uma tentativa para estabelecê-lo com alguma segurança começa inevitavelmente pela busca de uma resposta ou de um conjunto de respostas para a pergunta clássica. Esta vem de fora do seu ambiente de trabalho ou então é feita pelo próprio, e diz respeito a todo aquele que se interessa pelo conhecimento do passado de uma forma contínua e consistente, seja ele professor, investigador, estudante ou um cidadão comum interessado no reconhecimento do passado ou na demanda das razões pelas quais se deverá investir nesse género de atividade. A pergunta saída da boca de um rapazinho, filho do autor do clássico *Apologie pour l'histoire ou métier d'historien* — o historiador Marc Bloch, fuzilado pelos nazis em 1944 pela sua participação na Resistência francesa —, e que todos os estudantes universitários de História conhecem, é simples e direta: «afinal, para que serve a História?» (Bloch, 1963: 11).

Ela já foi respondida vezes sem conta, embora, como é natural, nem sempre o tenha sido com razoável clareza e da mesma forma. Para Bloch, que lhe conferia tanta importância que se deu ao cuidado e ao risco de sobre ela pensar e se esforçar por lhe atribuir um sentido ao mesmo tempo que se batia no terreno contra a ocupação alemã, ao ponto de abrir o referido livro com essa questão, ela fazia todo o sentido. Do seu ponto de vista, a história servia para distrair, para divertir, ou então como deleite, sem dúvida, e podia igualmente ser usada para saciar o desejo puro de conhecimento, mas funcionava também, e principalmente, como «ciência dos homens no tempo» — esta definição, ainda frequentes vezes utilizada, é do próprio Bloch —, voltada para compreender o processo de evolução das sociedades e o modo como vão combinando a sua inevitável transitoriedade com um *continuum* em condições de lhes conferir sentido. Neste processo, porém, o motor não reside no passado em si mesmo, mas antes no ser humano, pois sempre, e em todos os tempos, é ele quem realmente importa. Quem faz as perguntas e quem procura respostas.

Bloch escrevia, como se viu, em circunstâncias históricas particularmente dramáticas, e reconhecia-o sem qualquer artifício. Citando André Gide a propósito de um tempo — Gide escrevera em 1938 — no qual até a dimensão do jogo «deixou de ser permitida», adiantou que, naquele ano de 1942, com a França ocupada e a força do Reich alemão aparentemente no seu poderio máximo, essa afirmação possuía «ainda um sentido mais pesado». Em tais condições, reconheceu que poderia parecer que «as longas minúcias da erudição histórica (...) mereceriam ser condenadas como um esbanjamento de forças absurdo a ponto de ser criminoso» (Bloch, 1963: 15). Partindo desta conjetura, embora procurando contrariá-la, avançou para uma proposta do entendimento da história como uma espécie de serviço público, no qual o desvelo colocado pelo historiador no seu trabalho se apresenta como uma missão disposta ao serviço da humanidade e, ao mesmo tempo, como uma forma que esta pode desenvolver para promover o autoconhecimento.

Todavia, o serviço público do historiador deveria ficar-se por aí, não sendo missão sua tomar partido ou fazer considerações sobre o impacto do anteriormente vivido em cada presente. O papel da história enquanto disciplina seria de certo modo constitutivo de um conhecimento, de natureza essencialmente enciclopédica, que visaria formar cidadãos mais sábios e cientes das suas origens, mas o acesso ao passado jamais poderia permitir que esse saber legitimasse formas de poder ou então a sua contestação. Mesmo não tendo escrito expressamente sobre o tema, Bloch não poderia deixar de conhecer a forma como, nos Estados autoritários emergentes na Europa do seu tempo, a história vinha sendo utilizada como alimento das ideologias, caucionando o fanatismo, a violência e a guerra. A sua escolha marcaria a intervenção na historiografia da Escola dos *Annales*, da qual fora o fundador, com Lucien Febvre, em 1929, e manteve-se ao longo de décadas na atividade de investigação e na prática pedagógica de grande parte dos historiadores profissionais europeus.

Perto de cinco décadas após a edição póstuma, em 1949, do trabalho mais lido do historiador francês, John Tosh, em *The Pursuit of History*, enumerou com clareza e de forma bastante abrangente aqueles que considerou serem «os usos da História» (Tosh, 1999). Declinando o aforismo de Henry Ford, por vezes reputado como mito urbano, mas que de facto sentenciou, numa declaração prestada em outubro de 1921 ao *New York Times*, que a história é uma «parvoíce» («bunk»), Tosh rejeitou igualmente a posição daqueles que a tomavam como uma chave para a compreensão do destino da humanidade. Recusando-se a olhá-la como um mero «antiquarismo», próprio de alguém capaz de se comprazer com a observação daquilo que um dia aconteceu, ou como mero processo de acumulação do saber produzido sobre o passado, como certo academismo por vezes assume, declarou ter ela «uma meta mais prática a cumprir», passando esta pelo treino da inteligência, pelo alargamento da capacidade de estabelecer analogias entre processos aparentemente isolados ou autónomos e, principalmente, pelo uso como ferramenta capaz de providenciar «uma perspetiva mais completa a propósito dos mais prementes problemas do nosso tempo» (Tosh, 1999: 35). Esta perspetiva vai no sentido, amplamente aceite, que considera ter a história um interesse que transcende em muito os objetivos mais pessoais de quem a escreve ou o interesse subjetivo de quem a lê, assumindo a dimensão muito mais vasta e completa de um saber que é também um serviço público. Chegados aqui, coloca-se um problema que não pode deixar de ser considerado num estudo sobre a relação entre a vida e a obra de um historiador e o reflexo de ambas no domínio do público, o que Tony Judt sempre procurou juntar como parte essencial do seu trabalho. Trata-se de compreender em que medida a história, enquanto processo de conhecimento, ou como «saber cientificamente conduzido» — tal como me parece mais correto identificá-la, de modo a obviar à confusão com o conceito de «ciência dura», vinculado a critérios de objetividade e de neutralidade mais precisos, ainda que sempre relativos —, se relaciona, no seu domínio próprio e na sua identidade disciplinar, com o seu impacto social e o seu lugar na relação com um interesse público que, de alguma forma, a transcende. Encarar este problema passa por observar o território disciplinar mais imediato no qual ele é colocado e que integra a relação entre passado e presente, devendo necessariamente esta abordagem incorporar a compreensão do que é, ou pode ser, a história do tempo presente, cuja designação, dado a história ser *sempre* passado, pode ainda parecer um oximoro. Ao mesmo tempo, esta observação permitirá compreender com maior clareza as escolhas do historiador Tony Judt, quase sempre ocupado a estudar temas e problemas que confluíam poderosamente na sua atualidade.

Num livro recente, destinado a abordar no domínio teórico o relacionamento entre a história, o presente e o contemporâneo, Henri Rousso chamou a atenção para o facto de o revigoramento daquela área do conhecimento histórico — que emergiu na década de 1970 mas entrou em crescimento principalmente a partir dos anos 90 — ter, em larga medida, servido para reforçar a relação entre o ofício de historiador e o universo circundante, a viver um movimento cada vez mais acelerado, com o qual este se vê necessariamente confrontado no decurso da própria vida. Contudo, a noção de «presente» que Rousso tem em linha de conta «não se refere apenas à temporalidade, nem sequer significa uma aproximação em relação aos factos ocorridos no presente (e, em consequência, uma forma de curiosidade pelo nosso próprio tempo)», reportando-se também, como sublinhou, «a outras formas de proximidade: no espaço, no imaginário» (Rousso, 2016: K171).

Em *La dernière catastrophe: L'histoire, le présent, le contemporain*, de 2012, Rousso anota que a noção de história do tempo presente «encontrou um lugar na paisagem historiográfica internacional precisamente porque se dimensionou de acordo com caraterísticas e processos que permitem responder ao mesmo tempo a questões de natureza conjuntural e universal» (Rousso, 2016: K158). Todavia, este processo de aproximação foi gradual e vivido com entraves em larga medida colocados, por razões de natureza metodológica — por exemplo, o foco, excessivo para Rousso, conferido durante décadas à noção de «longa duração» proposta por Fernand Braudel –, mas também por alguns conflitos de interesse de ordem institucional, a propósito dos limites do que pode ser entendido como contemporâneo por uma parte da própria comunidade de historiadores. Apesar das sucessivas inovações teóricas e no domínio dos métodos que nas últimas décadas tem caraterizado a produção historiográfica, a história do tempo presente nem sempre tem sido entendida — por vezes, embora esta tendência se encontre agora em recuo, nem sequer é reconhecida como «legítima» — por parte de alguns membros da comunidade dos historiadores, dado permanecer ainda a ideia de que o estudo da história deve sempre distanciar-se, no mínimo três ou quatro décadas, do tempo do acontecido. Para os que assim pensam, aos historiadores caberia trabalhar um passado claramente recuado, sendo o presente uma matéria para a sociologia, o jornalismo ou a ciência política. Esta dicotomia revela-se, porém, claramente simplista e, frequentes vezes, desconhecedora da noção de presente que aqui está verdadeiramente em causa.

Ao contrário do que antes ocorrera — pois desde Heródoto, e por mais de dois mil anos até à época das Luzes, a narrativa do passado foi sempre confundida com o presente que a recuperava e transmitia (Bebiano, 2002) —, sensivelmente a partir dos meados do século XIX a história dos acontecimentos próximos, considerados contemporâneos, tornou-se problemática. O ponto de partida para entender este processo é a constatação do triunfo de uma determinada definição de história a partir da institucionalização dessa forma de conhecimento do vivido como disciplina universitária. A nova definição, fundada sobre uma rutura entre passado e presente, atribuiu à história a interpretação do passado e passou a sustentar que só os indivíduos possuidores de uma formação sólida e especializada, necessariamente adquirida nas universidades, poderiam executar corretamente a tarefa de recuperação e de interpretação na qual ela se funda.

Foi neste quadro de afirmação de uma historiografia profissional que se colocou, como condição indispensável para ser considerada ciência — na lógica do positivismo e do seu primo cientismo, como é sabido uma das obsessões alimentadas e propagadas em especial na segunda metade do século XIX —, o recurso à observação retrospetiva. Afirmava-se então uma conceção da história-ciência como disciplina que possuía um método de estudo dos documentos, essencialmente de uma natureza textual, que lhe era próprio, possuindo um processo de decifração que implicava a conceção da objetividade como forma de assético distanciamento em relação aos problemas do presente. Deste modo, apenas um recuo no tempo poderia garantir a construção da desejada distância crítica. Levando ao extremo este processo, passou então a considerar-se que o trabalho do historiador só poderia começar verdadeiramente quando deixassem de existir testemunhos vivos dos universos estudados. Complementarmente, esta ideia criou as condições de resistência e de rejeição do recurso ao testemunho oral, anteriormente utilizado com profusão, mas agora objeto de um descrédito, que, no domínio da historiografia contemporânea, e em boa parte por interferência de alguns dos saberes conexos, como a sociologia ou a antropologia, só recentemente começou a ser levantado (Ferreira e Amado, 2005).

Para que os traços do passado pudessem ser interpretados, era sobretudo necessário, ressalvando uns quantos sinais monumentais, que tivessem sido escritos e se encontrassem arquivados. Os historiadores de profissão deveriam, pois, rejeitar os estudos sobre um tempo «demasiado próximo», uma vez que neste campo seria impossível garantir a objetividade dos estudos que procuravam levar a cabo (Ferreira e Delgado, 2013).

A separação entre passado e presente colocada dessa forma extrema, assim como as competências muito específicas, particularmente exigidas para trabalhar com os períodos recuados, garantiriam praticamente o monopólio do saber histórico aos especialistas, que o produziam e o validavam. Por este motivo, os historiadores recrutados pelas universidades no século XIX estudavam quase exclusivamente a Antiguidade e a Idade Média, épocas que exigiam o domínio de competências que apenas eles detinham. Em consequência, ainda nos anos 50 do século XX raros eram aqueles que, mesmo nos estabelecimentos universitários, se ocupavam do estudo de temas como a Revolução Industrial e as guerras e conquistas que, no século XIX, produziram os grandes impérios ou mesmo, embora em situações de exclusão menos comuns, o Iluminismo e a Revolução Francesa.

Desse modo se impunham critérios rígidos que permitiam separar os «verdadeiros historiadores» daqueles que eram considerados amadores ou tomados como vulgares publicistas. No seu conhecido *História do Tempo Presente*, o historiador Timothy

Garton Ash, amigo de Tony Judt, recorda como, no início dos seus estudos nesta área, vários colegas de profissão se referiam depreciativamente ao seu trabalho como não passando de «mero jornalismo», considerando a sua opção metodológica como degradante (Ash, 2001). O efetivo desprezo dos historiadores universitários por um tempo mais próximo explicou também o porquê da já referida desqualificação dos testemunhos na primeira pessoa, confinados ao longo de décadas à produção de biografias. Por isso, este campo dos estudos históricos acabou por ser transformado em monopólio dos chamados «historiadores amadores», reduzindo uma dimensão de amplitude de horizontes e de capacidade crítica que necessariamente se encontra mais desenvolvida entre os profissionais. Ancorados em princípios que sustentavam a necessidade do distanciamento temporal do investigador frente ao seu objeto, os historiadores deveriam, assim, trabalhar com processos históricos cujo desfecho já era conhecido. Jamais naqueles, perigosamente cálidos, que se encontravam ainda a decorrer.

A história do presente, ou do tempo presente, contraria justamente esses pressupostos. Surgida como um campo autónomo com a criação formal em Paris, em 1978, do Institut d'Histoire du Temps Présent (IHTP), concebido como unidade de investigação do CNRS por François Bédarida, teve de início como objetivo imediato a organização de um estudo sistemático da Segunda Guerra Mundial, considerada até aí, por alguns, «demasiado próxima» para poder ser objeto do interesse da história. Esta objeção tornar-se-ia, no entanto, a sua força, dado o seu surgimento coincidir com o período durante o qual o reconhecimento público do Holocausto começou a ser feito em articulação com a emergência sistemática de testemunhos dos seus sobreviventes e de dados sobre a forma como foi organizado e levado a cabo. Tal apenas começou a ocorrer de forma razoavelmente significativa após o êxito da minissérie norte-americana de televisão *Holocausto*, transmitida em 1978 — apesar de criticada pelo sobrevivente Elie Wiesel, que a acusou de «trivialização» —, e sobretudo com o choque provocado pela divulgação do longo e perturbante documentário fílmico *Shoah*, realizado em 1985 pelo cineasta francês Claude Lanzmann, prolongado depois com o impacto mundial do filme norte-americano *A Lista de Schindler*, de Steven Spielberg, estreado em 1993.

Nessas circunstâncias, que coincidiram também com a publicação de diversos relatos testemunhais, tornou-se particularmente ilógica a continuidade da recusa dos profissionais da história a abordá-lo. Por isso, a despeito das referidas resistências, a sua escolha como campo de estudo e de pesquisa de historiadores foi ganhando uma crescente legitimidade, sugerindo reflexões epistemológicas e metodológicas próprias, em particular nas últimas duas décadas especialmente numerosas, variadas e dinâmicas (Arostégui, 2004; Franco, 2006; Fazio, 2010). Ao longo já de quarenta anos, o IHTP tem trabalhado principalmente sobre a história da guerra no século XX, sobre os sistemas autoritários de dominação, de natureza totalitária ou colonial, sobre a história cultural das sociedades atuais, e a epistemologia do seu âmbito específico de saber, da sua especialidade, entendida como uma aproximação singular, não apenas a um passado próximo, mas também às relações entre o passado e o presente, sensível à memória, ao testemunho, em particular ao obtido pela via da oralidade, e ao lugar dos historiadores na sociedade.

Como entender então o papel da história do tempo presente? Como demarcá-la, tendo em conta que toda a história se encontra vinculada a uma cronologia que não é, nem pode ser, completamente elástica? De acordo com Bédarida, a sua caraterística fundamental é a presença de testemunhos que permanecem vivos, que podem completar, vigiar e contestar o investigador afirmando a sua vantagem de terem estado presentes no desenrolar dos factos considerados (Varella, 2012). É verdade que este papel coloca dificuldades várias, que os estudiosos do testemunho oral aplicado à história têm vindo a observar. Janaína Amado e Marieta Ferreira consideram por isso, na apresentação da coletânea *Usos e Abusos da História Oral*, publicada pela primeira vez em 1996 mas já em 2006 na 8.ª edição, que este é essencialmente «uma técnica» que «deve procurar fora dela própria meios para compreender as questões que suscita», jamais invocando uma autoridade superior e devendo, por isso, ser objeto, como qualquer outro documento, do processo de crítica inerente a todo o trabalho historiográfico (Ferreira e Amado, 2012: XVII). E Alessando Portelli, profissional e teórico da história oral, assinala, sem qualquer ingenuidade, que esta vive de «discursos na primeira pessoa», nos quais, de um modo obrigatório, «"invenção" e informação se alternam e sobrepõem» (Portelli, 2013: 26). Este é, no entanto, um obstáculo inerente a todos os processos de observação que têm o indivíduo como primeira fonte, reconhecendo-se a disseminação dos critérios de subjetividade por toda a espécie de documentos — de natureza oral, escrita ou outra — e por todos os intervenientes, impondo, por isso, uma vigilância metodológica e epistemológica que, não anulando essa subjetividade, a reduz a critérios aceitáveis pela busca de alguns consensos a respeito da possível verdade. Desde logo recorrendo à comparação das declarações produzidas pelos diversos testemunhos, confrontando-as a todo o momento com a informação fornecida por fontes documentais escritas, sonoras, imagéticas ou monumentais de outra natureza e proveniência.

Entretanto, é relevante sublinhar uma importante consequência do argumento de Bédarida sobre o vínculo da história do tempo presente à relação com os testemunhos de sujeitos que permanecem vivos. Corresponde ao facto de, sob esta perspetiva, ela possuir necessariamente balizas móveis, que se deslocam conforme o seu progressivo desaparecimento. Nestas condições, que tempo, ou episódio reconhecido, deve a cada momento ser adotado como o seu marco inicial?

Para alguns, será o período que remonta a uma última grande rutura reconhecida, como o termo da Segunda Guerra Mundial (hoje já consensual), a Queda do Muro de Berlim e o fim da União Soviética, ou mesmo o profundo abalo mundial que, em 2001, se seguiu ao ataque terrorista ao World Trade Center. Para outros, como se viu, será a época em que vivemos e de que possuímos lembranças, ou o período cujas testemunhas permanecem vivas e podem apoiar o trabalho do historiador ou, se necessário, colocá-lo em xeque, como é sugerido por Danièle Voldman (Ferreira, 2012). Ou ainda, como defendeu Eric Hobsbawm e também propõe Henry Rousso, ampliando bastante a dimensão e o interesse público desta área dos estudos históricos, corresponderá ao período durante o qual se produzem eventos que pressionam o historiador a revisitar a significação que produz do passado, revendo as perspetivas, redefinindo as periodizações, isto é, olhando, em função do resultado de hoje, para um passado que somente a essa luz adquire significação. Neste sentido, ele é feito também de «viagens no tempo», de revisitações do vivido que podem ser feitas sob um olhar que o conhecimento e o aparato crítico disponível no presente permitem tornar mais lúcido (Hobsbawm, 1998; Rousso, 2009).

Tem ainda merecido atenção a noção de *tempo presente* nas suas relações com o mundo contemporâneo e aqueles que o povoam, com os testemunhos e os atores que o integram, com a demanda social imposta por determinados eventos e problemas, bem como pelo diálogo ou pelos desafios levantados por outras disciplinas. De todo este debate, do conjunto de possibilidades apresentadas, uma é agora tomada já como certa: a afirmação do *tempo presente* como vinculado a um campo próprio do conhecimento.

É considerando essa perspetiva que se pode afirmar que «a história do tempo presente é feita de moradas provisórias» (Bédarida, 2006: 221). Encontra-se associada à ideia de um conhecimento temporário, que vai sofrendo alterações ao longo dos anos. Henry Rousso liga esse tipo de conhecimento a um vínculo cronológico que possui como referente aquilo que designa por «a última catástrofe», no sentido retirado do grego *katastrophé*: não apenas um cataclismo, uma guerra, uma fome, mas, sem dúvida, e necessariamente, um abalo, uma reviravolta, uma alteração profunda da paisagem política e social, em condições de suscitar uma mudança fundamental de comportamentos e de perceções, e, por tal forma, de construir uma nova dimensão de presente (Rousso, 2016). Isso significa que a história do presente se reescreve constantemente, servindo-se do mesmo material, mediante acréscimos, revisões e correções. Não menos que as formas de conhecimento histórico associadas a outras épocas, mas sem dúvida com uma maior intensidade.

Outra das suas singularidades é a valorização do evento, da contingência e da aceleração da história. O trabalho do historiador enfrenta também aqui dificuldades acrescidas, uma vez que ele próprio é testemunha e ator do seu tempo e, muitas vezes, encontra-se envolvido no fluxo de interesses ou no movimento de aceleração que o faz sobrevalorizar os eventos próximos. De qualquer forma, esse trabalho implica a assunção de um olhar próprio que o separa do proposto pelos seus colegas «contemporanistas», que, de acordo com a periodização até há poucos anos dominante no continente europeu, ainda em alguma medida adotada — como é sabido, diferente na designação e no balizamento daquela que habitualmente é usada pelos historiadores do universo anglo-saxónico —, tem como referente a Revolução Francesa e o impacto das profundas transformações que produziu ou colocou em marcha.

Tanto quanto é possível sabê-lo, Tony Judt jamais se autodefiniu formalmente como um historiador «do tempo presente». Aliás, no mundo anglo-saxónico as ligações da historiografia com um tempo próximo nunca foram rompidas de forma quase completa, como aconteceu em boa parte do continente europeu, pelo que essa afirmação raramente emergiu como uma necessidade, associada a algum tipo de justificação. Além disso, o interesse público pela história nunca foi inteiramente dominado, tanto no Reino Unido como nos Estados Unidos da América, pelo saber universitário, como aconteceu na maior parte da Europa, daí tendo resultado uma aceitação menos tensa e problemática de abordagens de acontecimentos, fenómenos ou figuras inscritos numa cronologia próxima. Pode, todavia, dizer-se com segurança, como os três últimos capítulos deste livro deixarão claro, que os temas pelos quais profissionalmente Judt se interessou o aproximaram das formas de conceber aquela opção historiográfica, levando-o, tal como Hobsbawm e Rousso consideraram particularmente adequado, a olhar os sucessivos passados que estudou em função de demandas em larga medida suscitadas por interesses instigados na vivência intelectual dos «presentes» nos quais foi participando. Estes «presentes» impuseram leituras apenas possíveis no confronto entre, de um lado, as fontes e os temas, datados, que Judt procurou estudar, e, do outro, a forma como a relação forte do presente com eles lhe permitiu observá-los de um modo particular, utilizando novas ferramentas técnicas, bem como novos recursos multidisciplinares, e recorrendo a um aparato crítico disponível no momento em que se interessou por eles e os começou a estudar. Como é sabido, o alargamento do próprio sistema académico e a expansão dos meios de inventário e de disponibilização dos seus resultados, que se verificou no curso das últimas duas décadas, em boa parte graças à expansão colossal das tecnologias da informação e da comunicação, não pôde deixar de ampliar o caráter das circunstâncias favoráveis a esse esforço.

Quando Judt se interessou, como se verá mais à frente, por circunstâncias, espaços, personalidades, tensões, escolhas, cuja definição se articulava de um modo muito direto com o mundo que fora, ou ainda era, aquele que conhecera, ou que pudera conhecer quem com ele se tivesse relacionado, e cujas reverberações públicas se mantinham, particularmente se se estivesse atento às dúvidas, preocupações, escolhas e expectativas do presente, do seu presente, essa ligação foi-se tornando natural e inevitável, como se não pudesse ter ocorrido de outra forma. Afinal, como escreveu em *O Século XX Esquecido*, «julgamos que aprendemos o suficiente do passado para saber que muitas das velhas respostas não resultam (...), mas o que o passado pode realmente ajudar-nos a compreender é a perpétua complexidade das perguntas» (OSX: 33), que tomou sempre como podendo ser colocadas até pelo cidadão comum, quando confrontado com as experiências e as dúvidas do seu próprio tempo.

O presente do qual se ocupou Tony Judt não representou, afinal, um mero lugar de passagem entre um antes e um depois, mas sim, tal qual o concebera Hannah Arendt, uma «lacuna» entre passado e futuro; não se tratou de um intervalo, ou de um muro, mas antes de um «campo de forças», gerado pela iniciativa do próprio pensamento humano — no caso, em primeiro lugar, a iniciativa do próprio investigador —, dentro do qual se colocam dúvidas e se resolvem problemas específicos. Uma noção que pode, segundo Giorgio Agamben, associar-se ao entendimento da contemporaneidade como uma relação de distanciamento com o próprio tempo (Agamben, 2005), que nos permite compreender melhor aquilo que o presente pode trazer de descontinuidade, de rutura, de ponte entre o que foi e o que será. Inscrito no tempo como uma suspensão, o passado é então trabalhado pelo historiador por meio de um esforço para apreender a sua presença como ausência, tal como fazem, em relação aos seus objetos, os físicos, os matemáticos ou os sociólogos: tocando-os como corpos que possuem uma dinâmica própria, ainda que, como elementos do universo atual, se encontrem permanentemente em interação connosco (Bebiano, 2003).

Entretanto, a propósito da identidade da obra historiográfica de Tony Judt e da sua relação com a intenção, de alguma forma pedagógica ou cívica, que sempre procurou conjugar com o trabalho profissional, outro problema pode ser frequentes vezes levantado quando olhamos o caráter relativamente singular das suas escolhas e processos, colocados no âmbito da produção historiográfica fundamentalmente académica que jamais deixou de ser a sua. Este problema é posto pela forma como se costuma confrontar a historiografia profissional com uma dimensão popular do saber histórico, em particular quando esta diz respeito a preocupações, a interesses e a memórias que ainda mobilizam ou preocupam os cidadãos comuns, atores do presente.

Alguns historiadores e críticos tentaram resolver este problema referindo como geralmente contraproducente, ou mesmo como negativa, o que consideram ser uma certa «popularização da História», observada como correspondendo necessariamente a uma estéril simplificação e também a uma certa profanação da sua identidade como saber e como legado. De alguma forma, a uma perda da aura que por vezes lhe foi ou é atribuída. A primeira mancha vinculou-se sobretudo à já referida emergência do conceito de «história como ciência» e ao seu progressivo confinamento, a partir dos meados do século XIX, ao espaço das universidades ou das instituições a elas associadas, onde a sua prática passou a ser entendida como um trabalho de natureza profissional, dotado de uma metodologia rigorosa e qualificada, enquanto a dimensão simplificada ficaria confinada, como atividade menor, aos «amadores». Já a ideia de profanação e de perda da aura supõe uma noção de sacralização do saber superior e da forma como o modo de fazer história que lhe estava associado deveria, idealmente, pelo menos na sua forma mais elaborada, escapar à intervenção dos não especialistas, dos não habilitados com um diploma, sempre pejorativamente classificados pelos primeiros como «meros divulgadores». Como se existisse um abismo intransponível entre uma «História» maiúscula, confirmada pelo reconhecimento científico e institucional, e uma outra, uma «história» com minúscula, situada, com grande possibilidade, no território da charlatanice ou da impostura, não existindo um espaço intermédio ou a possibilidade de admitir a interação de experiências, de linguagens e de saberes, recorrendo com frequência ao cruzamento ou à interação de disciplinas, que, com a crise da modernidade e das suas certezas, se tornou aceitável e até natural.

A ideia de «história pública» deve, pois, ser considerada na compreensão dessa forma, erradamente julgada menor, de entender o estudo, a escrita e a comunicação dos percursos passados da vida coletiva. Ela pode ainda ser olhada sob dois diferentes prismas. O primeiro prende-se principalmente com determinados tipos de uso, de função, num certo sentido de instrumentalização, do conhecimento histórico. O segundo é colocado a jusante, no modo como esse conhecimento é tratado para ser oferecido e absorvido por um público que não possui exigências especiais em termos de rigor, de coerência ou até de verdade, recorrendo a ele sobretudo como mais uma forma de entretenimento. Podendo parecer que uma certa democratização da história é um bem, e sendo-o, na medida em que a pode tornar acessível a um maior número de pessoas — seguindo a lógica de «democratização da cultura» proposta em França, a partir de 1959, pela gestão do Ministério da Cultura francês dirigido por André Malraux (Lacerda, 2009) —, pode também voltar-se contra a própria história, parecendo por momentos dar alguma razão às mencionadas reservas dos profissionais.

Sob o primeiro desses prismas, a «história pública» comporta um amplo leque de atividades, levadas a cabo por pessoas com alguma formação e treino no que respeita à história como saber, mas que são levadas a cabo fora dos circuitos académicos, estejam estes vinculados à investigação ou ao ensino. A sua prática relaciona-se principalmente com a preservação de monumentos ou de objetos de natureza histórica, com a evocação de determinados acontecimentos, movimentos ou figuras do passado, com o trabalho de arquivo documental, com a atividade museológica, com a curadoria de eventos, frequentes vezes associadas a atividades provenientes de associações e de fundações privadas ou públicas, a iniciativas governamentais ou ligadas ao poder local, com aspetos do passado que podem ser relacionados com os interesses de grupos profissionais, com movimentos de teor regionalista, igrejas, e até com associações e partidos políticos. Museus, sítios históricos, mobiliário urbano, parques, reconstituições de batalhas, recuperação de monumentos, desfiles, documentários são com frequência reunidos através das dinâmicas de políticas culturais propostas pelas instituições públicas, mas também como peças de uma indústria do património que, pelos interesses da natureza comercial que comporta, põe a tónica muito mais naquilo que pode captar um público, isto é, utilizadores que são clientes, do que na definição de critérios de verdade e de profundidade que possam tornar mais denso aquilo que nesta ótica utilitarista se pretende simples. Os lugares, os objetos e a história que se relaciona com eles são olhados principalmente como mercadorias, e não tanto na qualidade de bens, materiais ou imateriais, de uma natureza simbólica e patrimonial, pertença do coletivo (Coay, 2006; Veloso, 2006).

Já sob o segundo prisma, a «história pública» encontra-se diretamente vinculada às expectativas do que podemos designar como o seu consumidor. Os critérios de verdade são aqui muitas vezes assumidamente secundarizados, em função de uma ficcionalização adaptada ao que, em cada momento, são os temas com maior impacto porque mais presentes no turbilhão comunicacional. No que diz respeito à história, ou melhor, ao que surge aos olhos de um público não conhecedor como sendo história, nesta dimensão já nem sequer se coloca o caráter imprescindível do recurso a uma investigação cuidada e criteriosa. Romances, filmes, séries de televisão, suplementos de revistas e jornais, versões *light* de obras acessíveis ou edições baratas de livros datados, e, sob muitos aspetos ultrapassados, são apresentados como formas de comunicação do passado, produzindo um padrão de «história» no qual a combinação aleatória de dados, o anacronismo, a ficcionalização das situações e das personagens, a sequência dos relatos são organizados em função de quem recebe, ou da capacidade romanesca de quem emite, sem preocupação com a coerência ou a veracidade. É aqui, aliás, que emerge um problema frequentes vezes colocado à escrita da história profissional: a sua incapacidade para narrar de uma forma ao mesmo tempo sugestiva e rigorosa, em condições de contrariar o desejo de fabulação que é inerente ao humano e que tantas vezes determina a procura dessas produções que «significam passado».

A obra dos historiadores preocupados com a narrativa e, em alguns casos, até com essa dimensão fabuladora do seu público, como foi o caso de Tony Judt, tende a contrariar essa tendência popular para o apagamento do passado documentado e a sua substituição por algo que supostamente o representa. Quando uma superprodução cinematográfica substitui para um público alargado o saber testado e oferecido nos livros de história, que este em regra não conhece, algo precisa de ser feito.

Um exemplo de como o presente e o passado podem ser confrontados e oferecidos, seguindo ao mesmo tempo um plano que conjugue rigor, audácia interpretativa e uma capacidade de comunicação que lhe amplie o público, é-nos fornecido por *A Era dos Extremos*, de Eric Hobsbawm. A obra desenvolve-se como uma longa narração, na qual a personalidade do autor, a sua interpretação, a sua apreciação, a sua arte concorrem para, atribuindo um sentido aos factos a que se reporta e aos documentos dos quais se serve, produzir um magnífico livro sobre a história do seu «curto século XX», identificado como estendido entre 1914 e 1991. Estimulante pelas ideias, informativo pelo conteúdo e atraente pela forma, como todo o livro de história pode ou deve ser. Em coerência, aliás, com a noção, defendida pelo autor, de uma «responsabilidade moral do historiador», da obrigação, por parte deste, de discernir a verdade dos mitos, o que «de facto se passou» daquilo que «se diz que se passou», defendendo-se de proceder a interpretações não fundamentadas que podem vir até a revelar implicações trágicas, como acontece em relação a muitas mistificações detetáveis na história dos nacionalismos. Por isso, para Hobsbawm, «se bem que a história seja um ato de imaginação, ela não inventa, mas apenas põe em ordem "objects trouvés"» (Hobsbawm, 2010: 272).

Não deverá, pois, aceitar-se a existência de uma relação de exclusão entre uma «história-ciência», julgada estritamente dura e racional, satisfeita com algumas verdades ou quase-certezas, e uma «história-narrativa» dotada de uma dimensão principalmente poética e emotiva, assumidamente subjetiva, cética e em boa parte experimental. Quando, numa obra sobre a historiografia portuguesa dos últimos dois séculos, se afirma que a história «é uma ciência muito especial», ou que é «uma "literatura científica" dotada de caraterísticas próprias» (Torgal, 1996: 9), ou ainda quando se escreve que o historiador deve «tentar um compromisso possível entre a fluidez própria do romance e a descontinuidade discursiva do ensaio» (Reis, 1999: 124), expressa-se a consciência dessa situação complexa, traduzida na vivência paralela ou complementar das lógicas e das estratégias recolhidas de ambos os territórios. Porém, não é certo, nem conveniente, que se confira à história um caráter disciplinarmente indeterminado, como desta forma se poderá eventualmente deduzir. Não parece certo, porque tal atitude irá colocá-la numa espécie de limbo, onde deteria uma posição excêntrica e incoerente em relação aos códigos que identificam as áreas do saber e as suas formas de se relacionarem com a realidade. E não parece conveniente, porque tal poderia induzir uma posição de falso equilíbrio entre uma «objetividade científica», que manteria o seu caráter ilusório, e uma «estratégia literária» não assumida, que apenas refrescaria o *output* das produções da historiografia, no sentido de as tornar mais atrativas, mas não necessariamente mais rigorosas (Bebiano, 2002).

Na verdade, um reconhecimento da dimensão plural das metodologias aplicáveis na prática historiográfica parece ser a forma de a retirar do impasse que esta hesitação traduz. Mais importante ainda, esta pluralidade constitui a melhor forma de prevenir eventuais ímpetos de exclusão do outro, uma tentação na qual pelo menos até aos anos 80 se caiu com frequência. A dimensão poética da produção e da escrita da história, que esta de facto jamais perdeu, pode então assumir-se como modelo possível e capaz de seguir um caminho próprio, sem pretensão alguma de se tornar única ou dominante, articulando a sua experiência com o rigor dos métodos de pesquisa e de crítica documental, e com todo o corpo de conhecimentos adquiridos, que são património da historiografia no seu conjunto. Quer isto dizer: admitindo e praticando a história como um saber próprio, mas ao mesmo tempo híbrido, que combina dados e imaginação, e o faz com rigor e com arte, afastando-se da estéril presunção da certeza e oferecendo-se também ao interesse daqueles leitores que, por puro prazer ou por vontade de conhecer, por ela se interessam ou para ela são conquistados.

Porém, o interesse público pela história não pode ter como motor apenas a dimensão cativante da sua narrativa, passando igualmente pela escolha política dos temas abordados, tanto mais premente e importante quanto estes se aproximam do nosso presente, ou de um passado cujos ecos continuam a reverberar. Ao considerar momentos particularmente dolorosos da afirmação da violência ao longo do século XX, Enzo Traverso fala de uma História vivida e observada «como campo de batalha», em relação à qual todas as tentativas de aparentar neutralidade resultam em fracasso ou numa demonstração de hipocrisia. O tempo de barbárie ao qual se reporta no seu *L'histoire comme champ de bataille*, onde vai dialogando com a obra de historiadores que abordaram alguns dos seus mais dramáticos rostos — revoluções, fascismos, genocídios, biopoder, exílio, luta pela memória em nome das vítimas, a oferta de uma voz às testemunhas —, enuncia essa impossibilidade de historicizar o presente, ou o passado próximo, sem sobre ele lançar um olhar cruel, sem proceder a um exercício crítico ou sem assumir, em alguns momentos, um propósito de alguma forma redentor (Traverso, 2011).

Num outro livro, mais recente, intitulado *O Passado, Modos de Usar*, Traverso vai mesmo mais longe, colocando o historiador, como sublinha no título de um dos capítulos, «entre o juiz e o escritor»: no lugar de alguém que avalia sem critérios de absoluto e narra sem inventar, não deixando, porém, de extrair conclusões de natureza ética e política. Referindo-se à viragem que ocorreu na década de 1960, quando um conjunto de correntes intelectuais nascidas nos Estados Unidos da América — o *linguistic turn*, que procurou lançar uma ponte entre o estruturalismo francês, a filosofia analítica e o pragmatismo anglo-saxónico — criou as condições teóricas para ultrapassar «a ilusão de que a interpretação histórica se reduziria ao simples reflexo de uma prática rigorosa de objetivação e contextualização dos acontecimentos do passado», propondo «uma dialética nova entre realidade e interpretação», e, ao mesmo tempo, «questionando de forma salutar o estatuto do historiador» (Traverso, 2012: 89–90), realça o valor dessa possibilidade de julgar. Assim, o historiador passou a deter melhores condições para desenvolver a capacidade narrativa da história, combinando-a com a possibilidade de assumir leituras que, sem colocar em causa os critérios fundamentais de objetividade, aceitem produzir apreciações sobre os patrocinadores e sobre as vítimas da violência.

Traverso refere então os «usos políticos do passado», que podem ser associados a momentos que o historiador, tendo o dever de compreender, de tornar objetivo, jamais deverá observar de uma forma complacente, completamente isenta e sem atender a responsabilidades, como acontece com a evocação da Guerra Civil de Espanha, com as experiências concentracionárias do século XX, com os massacres do Camboja ou do Ruanda, ou com os episódios brutais, de natureza genocida, que ocorreram durante a guerra civil na ex-Jugoslávia. Aplica-se também à necessidade objetiva de olhar esse passado, e muito em particular o passado mais recente, como um campo de forças, no qual história e memória se cruzam e intercetam de um modo dinâmico e incontornável.

O «dever de memória» tem aqui o seu lugar. Em entrevista publicada em 1998, Henry Rousso referiu que «na origem, o mandato para um "dever de memória", conceito nascido da pena de Primo Levi, inscrevia-se na própria continuidade do acontecimento, como um apelo aos sobreviventes para que estes transmitissem o seu testemunho», mas insistiu na ideia de que o historiador deve saber distinguir os maus usos desse dever, «que o transformaram numa moral de substituição», da proposta feita por Levi, que implicava um imperativo colocado no exercício da sua atividade (Rousso, 1998). Esta operação é particularmente necessária quando se trabalha, como acontece na história do presente, com um passado particularmente dramático, cujos atores permanecem em grande parte vivos e atentos, o que significa que partilham o objeto/drama observado com o próprio historiador. Sébastien Ledoux, em obra recentemente publicada sobre o tema — *Le devoir de mémoire: une formule et son histoire*—, sublinha a legitimidade epistemológica da adoção deste «dever». Refere a sua importância para oferecer aos membros de uma comunidade — historiográfica, científica, mas também com uma dimensão mais ampla — a capacidade de «identificar uma situação», depois transformada em objeto de estudo, ou, inversamente, fornecer-lhes a capacidade de «criticar os abusos da memória», corrigindo a forma como esta pode servir para deturpar o passado, ou para inverter as conclusões sobre ele já estabelecidas e amplamente documentadas (Ledoux, 2016). Como aconteceu, ainda há poucos anos, com as tentativas levadas a cabo pelos setores negacionistas do Holocausto.

Ao contrário da história, que apesar de escrita no presente tem uma ligação material com o passado, fornecida em primeiro lugar pelas suas fontes, a memória, lembra ainda Traverso, «conjuga-se sempre no presente», sendo este a determinar as suas modalidades: «a sucessão dos acontecimentos de que se devem guardar recordações (...), a sua interpretação, as suas "lições", etc.» (Traverso, 2012: 18). Além disso, ela «é uma construção, sempre filtrada por conhecimentos adquiridos posteriormente, pela reflexão que se segue ao acontecimento, por experiências que se sobrepõem à primeira e modificam a recordação» (*idem*: 23). Tal não levantaria particulares problemas ao historiador se a história fosse apenas uma escrita do passado, construída segundo as regras e as modalidades do ofício, que tenta responder a questões colocadas pela memória. Mas não, a história nasce da memória, é uma parte desta, como lembrava Paul Ricoeur, podendo mesmo tornar-se um dos seus domínios próprios de investigação, como ocorre com a história contemporânea, e muito em particular — necessariamente mesmo, como vincou Rousso — com a história do tempo presente. Por esse motivo, «o historiador não tem o direito de transformar a singularidade dessa memória num prisma normativo da escrita da história», consistindo a sua tarefa muito mais na inscrição da singularidade vivida em contexto humano, tentando «esclarecer as causas, as condições, as estruturas, a dinâmica do todo» (*idem*: 27), do que na recuperação de uma verdade tomada como insofismável e de sentido único.

É possível, entretanto, pensar ainda uma possibilidade que reforça a importância da memória como instrumento do presente. Se, como propôs Hannah Arendt e já aqui foi mencionado, o presente é uma *lacuna* entre o passado e o futuro, interrompendo o tempo no ponto onde o ser humano se encontra, tal significa que corresponde a um momento no qual essa suspensão possibilita, de facto, um lapso de clareza e lucidez, que deve ser usado sem receios, pois de outra forma estar-se-ia a hipotecar a possibilidade de lançar um olhar compreensivo sobre esse passado e de refletir por antecipação a propósito das possibilidades do futuro (Arendt, 2006).

Este trabalho comporá riscos e dificuldades para o historiador que recorre à memória. É de novo Henri Rousso a salientar que «a história da memória tem sido quase sempre uma história das feridas abertas pela memória, não sendo, no fundo, senão uma manifestação, entre outras, das interrogações atuais e palpitantes sobre certos períodos que "não passam"» (Rousso, 2006), mas não se vê qual o motivo pelo qual esse processo de abordagem «militante» do passado deva ser menos considerado do que qualquer outro. No primeiro volume de *Theatres of Memory*, saído em 1996, o britânico Raphael Samuel, defensor da necessidade imperativa de os estudos históricos serem projetados para fora das paredes da academia, anota que, de modo a evitar os comportamentos «endogâmicos, introspetivos, sectários» (Samuel, 2012: 10), os historiadores devem dialogar, obrigatória e assumidamente, com protagonistas da sua profissão, ou de outros saberes, e com a dimensão do real que pode ajudá-los a aproximarem-se do seu objeto, emocionalmente se necessário for, para melhor o conhecerem ou para o verem a uma outra luz.

Existe ainda um outro aspeto no qual assumir uma intenção política no trabalho do historiador pode trazer enormes vantagens. Relaciona-se com o facto de no processo de observação do passado, ou no confronto com estudos anteriores, ou ainda com a falta destes, o historiador se deparar com espaços em branco e com silêncios, correspondendo a assuntos, acontecimentos ou interpretações que foram esquecidas, vencidas ou subavaliadas, ou, noutra direção, deparar com formas explícitas de emudecimento, determinadas pela vontade de calar, de apagar ou de desvalorizar áreas, episódios ou protagonistas desse passado. Também aqui se define um espaço no qual o historiador pode e deve, para além de ampliar o conhecimento do vivido, mostrando o que se encontra submerso por camadas de esquecimentos, de julgamentos, de intenções ou de um trabalho consciente de apagamento, redimir aquilo que, por esta ou aquela razão, terá sido empurrado, usando o jargão marxista, «para o caixote do lixo da História». É neste sentido que, como sugere Eni Puccinelli Orlandi, se pode falar historicamente de formas de uma «política do silêncio», visando retirar a voz a quem a poderia ou deveria ter, e de um «silêncio fundador», associado ao «não-dito», que pode servir de refúgio, ou de local de partida, para escolhas e práticas de natureza emancipatória (Orlandi, 2007).

Tony Judt assumiu, pois, a dimensão de compromisso que, enquanto intelectual, o historiador pode de facto deter. Escrevendo em diálogo com as causas coletivas e também para o grande público, mas ao mesmo tempo procurando redimir aquilo que este, voluntariamente ou não, conscientemente ou não, por falta de conhecimento do passado, tende a esquecer ou a subavaliar. Poucas semanas antes de morrer, concedeu uma grande entrevista retrospetiva ao jornalista Peter Jukes, publicada a 21 de julho de 2010 na *Prospect Magazine*, onde identificou, e de alguma forma justificou, as suas escolhas como historiador (Jukes, 2010). Nessa entrevista foram abordadas, entre outras, matérias como as razões que o levaram, enquanto profissional da História, a passar da microanálise da esquerda francesa do período entre as duas guerras para a história global, a influência perene que nele tiveram os intelectuais e a cultura francesa, o exemplo que recolheu da historiografia britânica, sempre vocacionada para o «retrato panorâmico», o modo como cedo teve a clara consciência de que na comunidade dos historiadores a tendência para «sair da sua especialidade», abandonando o círculo protegido do «tema» que se domina, era, por vezes, confundida com charlatanice, com superficialidade, e a forma como sempre procurou erguer-se contra esse preconceito. Mas foi também explicitado, e enfatizado, o modo como as suas escolhas foram, em boa parte, determinadas, embora não condicionadas, por opções que, jamais tendo uma natureza partidária, foram sempre aberta e assumidamente políticas.

No posfácio a *Pensar o Século XX*, Judt afirmou, referindo-se ao *Pós-Guerra*, o seu vasto estudo sobre a história da Europa a partir de 1946 e até 2001: «Um historiador (ou qualquer outra pessoa) sem opiniões não é muito interessante, e seria de facto estranho que faltassem ao autor de um livro sobre a sua própria época pontos de vista incómodos sobre as pessoas e as ideias que as dominaram.» Continua então considerando que «a diferença entre um livro convicto e um livro distorcido pelos preconceitos do seu autor parece-me a seguinte: o primeiro reconhece a natureza e a causa dos seus pontos de vista e não tem pretensões à objetividade consumada.» Relaciona depois esta ideia com o seu próprio trabalho, para concluir: «No meu caso pessoal, tanto em *Pós-Guerra* como em escritos autobiográficos mais recentes, cuidei de escorar a minha perspetiva na minha época e lugar — a minha educação, família, classe e geração», esclarecendo que, ao assumir essa escolha, pretende evitar quaisquer equívocos e «fornecer ao leitor um meio de as apreciar e contextualizar» (PSX: 393).

Será de bom senso reconhecer, entretanto, que a tensão entre a história académica e a política é, para além de inevitável, também irresolúvel. Sempre existirá, em particular no domínio das humanidades, necessariamente menos «prático», quem separe um saber tanto quanto possível asséptico daquele que facilmente se suja um pouco com as circunstâncias. Por esse motivo, qualquer discussão sobre o papel político do historiador, a investigação académica ou os livros de história deve ser realizada com bastante cuidado, especialmente no que respeita à atenção sempre necessária que deve ser prestada ao princípio da objetividade, sem o qual não existe história. Se bem que não exista também narrativa histórica alguma que possa jactar-se de corresponder inteiramente a uma realidade histórica isenta, a montante ou a jusante, de diversas escolhas. Na verdade, como lembrou o holandês Wim van Meurs em *Politics of the Past*, obra coletiva publicada pelo grupo socialista do Parlamento Europeu (Swoboda, 2009), todo o historiador responde, de forma mais ou menos independente, a solicitações políticas que influenciam o seu trabalho, sendo totalmente impossível escapar ao condicionamento que nesse domínio impõe a si mesmo ou que outros lhe impõem, sendo igualmente, por esse motivo, melhor e mais seguro, e mais honesto também, assumir esse vínculo do que escondê-lo e fazer-se passar por um ser angélico.

Tony Judt afirmou ainda, na obra citada dois parágrafos atrás, que «os historiadores têm a responsabilidade de explicar», frisando logo de seguida que então os que escolheram estudar história contemporânea «têm uma responsabilidade acrescida», traduzida «numa obrigação para com os debates contemporâneos de uma maneira que não se aplica, por exemplo, a um historiador da antiguidade». Esclareceu igualmente que «isso tem provavelmente algo que ver com as razões pelas quais ele é um historiador da antiguidade, e nós historiadores do século XX» (PSX: 272). Como se poderá ver nos próximos capítulos, foi este compromisso que Tony Judt assumiu, procurando sempre mostrar de que modo é possível, ou mesmo imprescindível, quando o campo temporal se encontra mais próximo do observador e do leitor, e por isso a ambos afeta mais, assumir que uma escolha é uma escolha, e que, tal como existem limites para a parcialidade, é ao mesmo tempo impossível escapar-lhe. Representando uma ilusão para o próprio acreditar que o consegue evitar, e um logro para o público leitor fazer-lhe crer que é possível escapar a essa contingência.

3.

REFERÊNCIAS E INFLUÊNCIAS

O compromisso manifestado por Tony Judt de adotar e projetar uma voz vinculada à coisa pública, em condições de integrar, mas ao mesmo tempo de em parte transcender, a sua atividade profissional como historiador, permanece como uma constante em tudo o que escreveu nesta qualidade, bem como nas posições que foi tomando em décadas de vida intelectual crescentemente pública. Por isso, as escolhas que neste domínio foi adotando foram sempre projetadas para fora do seu espaço privado, dialogando com a sua subjetividade e as suas escolhas racionais, mas acima de tudo em íntima ligação com a experiência social, com as referências culturais e com as influências individuais que sucessivamente foi recolhendo e assumindo.

Judt nasceu em East End, Londres, a 2 de janeiro de 1948. No autobiográfico *O Chalet da Memória*, de 2011, escreveu sobre a sua origem e as circunstâncias da sua infância e juventude, vividas no imediato pós-guerra, detendo-se em particular sobre essa marca identitária inevitavelmente associada ao facto de ter pertencido a uma família nuclear de judeus laicos, cuja origem geográfica diferenciada e distintas línguas maternas cedo lhe conferiram uma dimensão cosmopolita.

Os pais da sua mãe, Stella, eram imigrantes que tinham vindo da Rússia e da Roménia, falando o *yiddish*, para além das línguas nativas e do inglês. Os avós do lado do pai, Joseph, haviam nascido na Bélgica, tendo emigrado para a Irlanda e posteriormente para Inglaterra, associando ainda o francês às várias línguas faladas na família alargada, que Tony toda a vida usaria de forma habitual e com fluência. A vida na Londres do imediato pós-guerra não era fácil, e a condição social dos pais, que trabalhavam como simples empregados num salão de cabeleireiro e viviam num subúrbio do sudoeste de Londres povoado principalmente por famílias da classe média baixa, também não ajudava a grandes desafogos. Judt conta que, por causa dos hábitos de reciclagem de materiais que mantinha em casa, os seus próprios filhos costumavam dizer que ele insistia muito nisso por ter crescido na pobreza — «Nada disso, corrigi-os: cresci na austeridade». E relembra: «Depois da guerra, havia escassez de tudo. Para derrotar Hitler, Churchill hipotecara a Grã-Bretanha e arruinara o tesouro. Até 1949 as roupas foram racionadas, a mobília utilitária, barata e simples, até 1952, e a comida até 1954». Sublinha então a pesada experiência do que chamou um persistente «regime lúgubre da vida quotidiana» (OCM: 31).

O lugar da austeridade no seu crescimento e formação foi de tal ordem omnipresente e marcante que foi essa a palavra, «austeridade», que escolheu para dar título a um dos capítulos, o primeiro dos mais assumidamente autobiográficos, de *O Chalet da Memória*. Neste atribuiu, no entanto, uma razão objetiva para que esse tempo, correspondendo ao período que vai do fim da Segunda Grande Guerra à recuperação dos inícios dos anos 60 — um tempo, como insiste em relembrar, marcado pela escassez e por um certo «cinzentismo» da vida —, se tivesse revelado de certa forma suportável. Essa razão associou-a ao facto de se partilhar então, entre a maioria da população, a convicção de estarem «todos no mesmo barco» (OCM: 35). Existe, pois, um fundo solidário e igualitário, nascido da experiência diária da vida quotidiana, que serviu como cenário a uma certa maneira de apreender o real e de nele saber viver. Nesse tempo, relembra, havia para a esmagadora maioria das pessoas muito poucos indícios de consumos ostentatórios. Toda a gente «tinha o mesmo aspeto e vestia-se com os mesmos materiais: estambre, flanela ou bombazina». Além disso, todos usavam «cores modestas» e mantinham «vidas surpreendentemente semelhantes».

Essa vivência passou muito rapidamente, e em breve a recuperação económica faria com que a geração imediatamente a seguir à sua já não possuísse qualquer memória dela. Mas para quem cresceu e começou a apreender os sentidos do mundo entre o final do conflito e a recuperação, sensivelmente entre 1946 e 1958, ela não pode deixar de ter produzido poderosos efeitos, até porque, como também relembra, a austeridade não era apenas uma forma de vida e uma condição económica, «ela aspirava a uma ética pública» (OCM: 36). Desta austeridade terá sido exemplo o sóbrio Clement Attlee, primeiro-ministro trabalhista entre 1945 e 1951, que, diz Judt, apesar de poucos se lembrarem disso, presidiu a algumas das maiores reformas da história britânica moderna, como a criação do Serviço Nacional de Saúde e a nacionalização das minas de carvão e dos caminhos de ferro, mas Winston Churchill, o seu oposto em termos políticos e idiossincráticos, gostava de criticá-lo de uma forma trocista.

Aquele mundo era em boa medida, como recorda com ênfase, o mesmo mundo pobre e modesto onde se vivia cada dia sem grandes expectativas ou apenas na expectativa de um golpe de sorte, sensivelmente o de *Ladrões de Bicicletas*, o conhecido filme neorrealista de Vittorio De Sica, estreado em 1948. Ou mesmo o universo de *Os 400 Golpes*, o filme de François Truffaut, de 1959, onde se representava um mundo acerca do qual o filho mais velho de Judt, Daniel, então com 12 anos, teve a perspicácia de tecer o seguinte comentário quando o viu em vídeo caseiro na companhia do pai: «era parco, fazia-se tanto com tão pouco» (OCM: 37). Foram, de facto, anos difíceis, que, insiste em considerar, o ajudaram a compreender o sentido das desigualdades e lhe conferiram, para sempre, um vínculo aos ideais de justiça social.

Tony Judt foi o primeiro membro da sua família a acabar o ensino secundário (na Emmanuel School, em Wandsworth) e a entrar numa universidade (para frequentar o King's College, em Cambridge), o que, a seu ver, lhe impôs uma atitude de empenho e de critério no estudo acima do comum. Graduou-se em

1969 e após ter passado um ano na École Normale Supérieure, em Paris, completou o doutoramento em 1972, com uma tese sobre a reconstrução, entre 1921 e 1926, e após a rutura com os comunistas, daquele que viria mais tarde a ser o Partido Socialista Francês.

Durante o percurso como estudante do ensino superior, fora-se aproximando do sionismo de esquerda, tendo mesmo chegado, nas férias de verão de 1963, de 1965 e de 1967, a viver e a trabalhar em Israel num *kibbutz*. Todavia, começou a afastar-se do sionismo logo após a Guerra dos Seis Dias, travada em 1967, tendo mais tarde relembrado: «Viajei para lá acreditando na fantasia de criar um país socialista e assente na vida comunitária», mas percebendo rapidamente que até os sionistas de esquerda se mostravam «notavelmente inconscientes do povo que tinha sido expulso do seu país». Viria a descrever ainda o seu sionismo como uma experiência pessoal de «sobreinvestimento ideológico». Muitos anos depois, em fevereiro de 2010, escreverá no *New York Times* com algum humor: «Antes mesmo de fazer vinte anos, eu tornara-me, fora e deixara de ser um sionista, um marxista, e um colono comunitário: não é feito de somenos para um *teenager* londrino» (OCM: 103).

Na sua própria perspetiva, as posições e escolhas políticas que a partir desta experiência tomou ao longo da vida não terão entrado, no que respeita aos valores essenciais de uma sensibilidade e de uma ética política situada à esquerda, em contradição com essa opção e essa experiência inicial. Todavia, elas passaram a ser principalmente vertidas nas escolhas intelectuais, nos temas do seu trabalho como professor e historiador e nas atitudes públicas que, sempre em ligação com aquelas, foi tomando sobre os mais diversos temas. Aspetos que este livro recuperará no último capítulo.

Sobre as suas influências mais pessoais, figuras desaparecidas, mas que o protegiam, inspiravam e estimulavam, na introdução de natureza biográfica que escreveu para a coletânea de ensaios póstuma *Quando os Factos Mudam*, Jeniffer Homans, sua mulher, recorda:

> O Tony não tinha propriamente heróis; tinha sombras, mortos que tinha conhecido ou que só conhecia dos livros, mas que estavam sempre presentes. Acabei por conhecê-los bem. Keynes era um deles. Os outros (eram muitos) incluíam Isaiah Berlin, Raymond Aron, A. J. P. Taylor, Bernard Williams, Alexander Pope, Philip Larkin, Jean Renoir, Vittorio de Sica. E obviamente, Karl Marx e — mais do que obviamente — os Irmãos Marx, que apareciam em sessões de cinema rituais, juntamente com Orson Welles em *O Terceiro Homem*. Os dois que ele mantinha perto de si e que talvez mais admirava eram, porém, Albert Camus, do qual mantinha uma fotografia na secretária, e George Orwell, que me parecia estar sempre em todo o lado.

Depois enfatiza o papel dessa aproximação intelectual, mas também sentimental, na construção da sua personalidade e na orientação dos seus dias:

«o Tony vivia aos ombros destes homens e tentou, de boa fé, viver à sua altura» (QFM: 21–22).

Estas eram, pois, algumas das suas figuras inspiradoras. Se seguirmos com atenção aquilo que escreveu sobre um grande número de ensaístas, políticos, escritores, polemistas, constatamos ainda que com quase todos eles, com as suas vidas, escolhas e papéis sociais, estabeleceu relações de empatia, ou mesmo de afeto, resultantes, como tantas vezes acontece quando ocorre uma abordagem focada de individualidades até aí observadas de maneira mais superficial, do estudo e do reconhecimento que deles foi fazendo. Estas formas de proximidade foram em larga medida enumeradas pelo próprio Judt em diversas entrevistas concedidas a órgãos de comunicação, mas são mais abertamente manifestas em quatro dos seus livros: *The Burden of Responsability* (*O Peso da Responsabilidade*, ainda não traduzido para português europeu), no volume de resgates pessoais que representa *O Século XX Esquecido*, no texto autobiográfico que constitui o já referido *O Chalet da Memória*, e em *Pensar o Século XX*, o livro póstumo que transcreve longas conversas mantidas com o colega historiador e amigo pessoal Timothy Snyder. Para além, naturalmente, daquilo que foi referindo noutros livros e em artigos académicos ou de opinião.

Em *The Burden of Responsability*, um estudo sobre o peso histórico e a influência de três autores, pensadores e militantes franceses — Léon Blum, Albert Camus e Raymond Aron —, a sua escolha é já de si bastante significativa da dimensão a um tempo heterodoxa e programática do trabalho, relacionada, aliás, com aquele que fora o seu primeiro grande trabalho com verdadeiro impacto académico, *Past Imperfect*, empenhado no reconhecimento do impacto dos intelectuais franceses no imediato pós-guerra. Já em *The Burden of Responsability*, após outros trabalhos nos quais se tinha aproximado do tema — mencionados adiante com maior desenvolvimento —, dedicou-se a compreender o seu trabalho e o seu papel, bem como a procurar entender a razão pela qual, em ambientes dos quais até tinham sido politicamente próximos, a partir de dada altura passaram a ser homens em larga medida incompreendidos e rejeitados.

Léon Blum (1872–1950) foi dirigente da Secção Francesa da Internacional Operária (SFIO, fundada em 1905 por Jean Jaurès, Paul Lafargue e Jules Guesde, mais tarde transformada no Partido Socialista) e deteve por três vezes — entre 1936 e 1937, em 1938, e finalmente em 1946 — o cargo de presidente do Conselho de Ministros da França. Na história politica do seu país, e na do próprio socialismo europeu, destacou-se particularmente por em 1920 se ter oposto à adesão dos socialistas franceses à recém-fundada III Internacional comunista, e por em 1936 ter presidido ao governo da Frente Popular, que, apesar da instabilidade experimentada e da sua curta duração, foi responsável pela introdução de inovações absolutas e então com um enorme impacto social, como a introdução do subsídio de férias pago e a redução do horário de trabalho para as 40 horas semanais. A vida pessoal e política de Blum, que se autodefinia como um simples «judeu francês», foi pautada por uma luta constante contra o antissemitismo, galopante na Europa do seu tempo, mas igualmente, dentro da esquerda, pela contestação de algumas escolhas capitulacionistas frente ao poder do capital ou das tentativas de hegemonia política e orgânica levadas a cabo pelos comunistas.

Referindo-se-lhe sempre com palavras de evidente simpatia, Judt designa-o «o profeta rejeitado», observando-o como a um visionário, e, ao mesmo tempo, como uma figura controversa, cuja vida foi percorrida num caminho povoado de constantes combates contra forças que muitas vezes o elegeram como inimigo principal, o procuraram isolar ou o venceram: fundador do socialismo francês, num processo permanentemente povoado de conflitos internos, chefe de um governo de Frente Popular do qual tantos esperaram e que tantos temeram, primeiro primeiro-ministro judeu de França num tempo em que a mais colossal vaga de antissemitismo da História percorria a Europa, o governante socialista foi manietado no que respeita à concessão de apoio aos republicanos durante a Guerra Civil de Espanha, foi o principal alvo da vingança da direita pétainista após a instalação em 1940 do regime de Vichy, e, por fim, foi considerado pelo Partido Comunista Francês, sob instruções vindas de Moscovo, como «inimigo número um».

Esse combate constante de Blum foi, para Judt, travado com uma energia bebida em larga medida de convicções determinadas pelo seu perfil de intelectual e de sábio: «uma espécie de homem do

Renascimento», associado a uma variedade de interesses e de incarnações, que iam da estética literária à entrega a causas bem espinhosas (fora desde logo, como advogado, um dos defensores públicos do capitão Dreyfus), ou à atividade profissional sempre empenhada como jurista e dirigente político, desempenhando ainda, nos derradeiros anos, um papel de consciência crítica, política e moral, confrontado com os dilemas da França na complexa fase de desmontagem da máquina política da República de Vichy, do início da reconstrução nacional e da escolha de alternativas que a esta pudessem conferir um sentido. No centro da sua atuação, aquilo que, para Judt, era o essencial: «Se ele mobilizava as pessoas, não era por causa do seu carisma, no sentido convencional, mas devido ao poder dos seus argumentos, à lógica e clareza das suas convicções» (TBR: 36). Armas a que Blum recorria diante dos aliados e dos inimigos, fosse onde fosse, no parlamento, em comícios, em reuniões ou nas colunas dos jornais.

Tony Judt sublinha ainda caraterísticas deste militante socialista que estarão sempre associadas a pontos de vista por si afirmados como essenciais em diversos domínios: uma noção profundamente ética da política (o socialismo era bom não por motivos históricos ou científicos, mas apenas por ser «uma boa coisa»), a sua vertente eclética e heterodoxa, frequentes vezes associada a um certo diletantismo, a associação a um judaísmo, embora não ao sionismo, de pendor assumidamente laico. Tudo isto pautado por aquilo a que Jean Lacoutre, biógrafo de Blum, chamou um certo «angelismo», uma noção otimista da capacidade de transformação da realidade que era, na verdade, frequentes vezes pautada por uma notável dose de irrealismo, «inapropriado para um homem de Estado» (Lacoutre, 1977: 396, 583).

Por sua vez, Albert Camus (1913–1960), no mesmo livro positivamente designado por Judt como um «moralista obstinado», é observado, na comparação com Blum, numa relação de ainda maior proximidade e transparência em termos de vínculo da condição intelectual a um determinado padrão de consciência do dever de cidadania. Aliás, ao fazer eco da tantas vezes mencionada formulação panegírica de Hannah Arendt, deixada numa carta de 1941 dirigida ao seu segundo marido, Heinrich Blücher, quando esta escreveu «ontem vi Camus, o melhor homem de França», Judt fornece um sinal sobre a forma como, ao longo da sua vida pública, como bem sabe quem conhece o conjunto extenso e diversificado dos escritos do escritor nascido na Argélia, este tudo fez para manter, e tornar sempre muito clara aos olhos dos seus leitores, essa profunda ligação ética.

O eixo desta ideia encontra-se na perceção de que, ao longo das diversas fases da sua vida, e embora com diferentes intensidades e matizes, Camus colocou sempre como primordial e imprescindível, na iniciativa do escritor ou na do filósofo que observa e intervém na vida coletiva, o papel da independência individual. Já a viver o processo de isolamento político que lhe fora unilateralmente imposto pela rutura com os setores, próximos dos comunistas e dos independentistas argelinos, obrigatório após a publicação em 1951 de *O Homem Revoltado* e após as afirmações proferidas em conferência de imprensa sobre a legitimidade do uso do terror como instrumento de libertação, que em 1957 dera em Estocolmo quando ali foi receber o Nobel, apenas três semanas antes do acidente de automóvel de 4 de janeiro de 1960 no qual viria a morrer, Camus declarou numa entrevista, em palavras que Judt fez questão de enfatizar: «Não falo em nome de ninguém, pois já me é bastante difícil falar por mim» (OSX: 108).

O trajeto de Camus é hoje suficientemente conhecido e tem sido bastante debatido para requerer aqui uma referência biográfica mais extensa. Aliás, nos últimos anos, e não apenas devido à celebração do centenário do seu nascimento, em 2013, o franco--argelino regressou aos títulos da imprensa, tendo saído biografias e estudos, alguns deles notáveis, sobre a sua vida, a obra que foi traçando e a influência que projetou e ainda mantém, como aconteceu com os trabalhos de David Sherman (*Elements of a Life*) e de Elizabeth Hawes (*Camus: A Romance*), ambos de 2009, o de François-Xavier Gauroy (*Le Soleil Malgré Tout*), de 2010, o de Michel Onfray (*L'Ordre Libertaire*), de 2012, ou os de Robert Zaretsky (*A Life Worth Living*) e, entre nós, o de Marcello Duarte Mathias (*A Felicidade em Albert Camus*), escrito em 1975 mas revisto e reeditado em 2013. Mas nunca é demais relembrar, para além do seu reconhecido lugar como escritor e dramaturgo, que só por si justificaria um lugar de destaque na história da literatura e que lhe valeu o Nobel, a influência perene como filósofo — uma condição que modestamente insistia em rejeitar e que, na realidade, se limitou à escrita de duas obras: *O Mito de Sísifo*, o ensaio sobre o absurdo publicado em 1949, e o referido *O Homem Revoltado* —, a sua intervenção como diretor e principal redator do jornal *Combat*, o diário clandestino da Resistência Francesa sob a ocupação alemã, publicado em Paris a partir de 1941, os seus aforismos, compilados sob a forma de cadernos, e a intervenção constante em polémicas, campanhas e combates com uma forte incidência de natureza cívica, na sua maioria publicada, desde a juventude, em jornais e revistas.

Tony Judt destaca em Camus, um dos seus reconhecidos heróis inspiradores, a defesa da ideia de recusa, a busca de uma autonomia à margem das convicções dominantes no meio intelectual do qual fez parte, e principalmente a sua voz moral, para além de um certo impacto mediático, que lhe garantiu uma influência pública, por vezes muito profunda num núcleo alargado de admiradores, conservada, aliás, muito para além da sua morte.

A ideia de recusa encontra-se associada a uma escolha que, não excluindo o compromisso, impõe a necessidade de considerar sempre em primeiro lugar a liberdade e a consciência do sujeito (Mathias, 2013). No processo de recomposição da vida pública que se segue ao termo da Segunda Guerra Mundial, em particular no contexto da realidade francesa, na qual o debate político e o confronto assumiam nessa altura uma carga de grande violência e coação, Albert Camus sublinhou a importância, em particular para o artista e para o intelectual, de adotar uma posição, como ele próprio a designou, de «recusa sem concessões», destinada, em primeiro lugar, a assegurar a independência e a autoridade moral da qual o seu trabalho carece.

Porém, essa recusa não implicava alheamento ou indiferença, como aliás o escritor não se cansou de proclamar, mas antes o direito, por parte do artista-intelectual, a desempenhar um papel específico, que não o forçava, como na época muitos consideravam — Sartre, como se viu já, fê-lo com particular vigor e insistência —, a estar presente no combate político de rua ou a tomar uma posição, se necessário partidária, sempre expressa e inequívoca. Parte do conflito de Camus com o PCF, do qual fora efetivamente militante apenas algumas semanas, e também com os seus «compagnons de route», adveio dessa escolha, embora tenha sido acentuada pelo mencionado «episódio argelino», que ocorreu em Estocolmo, no qual, quando confrontado com uma pergunta armadilhada sobre um atentado à bomba lançado pelos independentistas da FLN num mercado de Argel, onde haviam morrido dezenas de civis, o condenou como um gesto moralmente inaceitável, por muito legítimas que fossem, e Camus considerava que o eram, sem dúvida, as razões políticas dos militantes anticolonialistas.

A dimensão pública do intelectual e a sua responsabilidade política deveriam, pois, para Camus — Judt reconhece-o com grande clareza e sublinha-o insistentemente —, estar inteiramente vinculadas à sua responsabilidade moral. Nas suas palavras, a passagem de Camus «da condição de *maître penseur* dos anos do pós-guerra, para a do desiludido e cada vez mais frustrado artista dos últimos tempos» (TBR: 93) ficou a dever-se, em larga medida, à dificuldade, num ambiente cultural marcado por um comprometimento político de teor agressivamente sectário, de fazer valer a importância desse papel de «consciência moral» que considerava caber ao escritor e ao pensador. Embora sem nada de «moralista», sendo este um papel que abominava e de todo rejeitava.

Já Raymond Aron (1905–1983), referido em *The Burden of Responsability* como um «*insider* periférico», ao mesmo tempo dentro e fora do sistema político nuclear em França, era visto por Judt na condição de um caso à parte. Ao contrário de Blum e de Camus, que, apesar das suas diferenças, e, em relação ao segundo, da sua independência, sempre se situaram expressamente dentro do campo político da esquerda, Aron teve um trajeto diferente. Filósofo, sociólogo, professor e comentador político, com algumas incursões na política, mostrou-se sempre particularmente polémico e contraditório. Foi favorável ao estabelecimento de uma comunidade europeia de defesa militar e ao rearmamento da Alemanha; foi contra o estalinismo e contra a justificação das suas atrocidades apresentada pelos intelectuais e artistas que durante muitos anos o apoiaram; foi defensor da independência da Argélia, mas contra o movimento estudantil e operário de Maio de 68; foi contra os *nouveaux philosophes* e o «círculo quadrado» da aliança PS-PCF, vindo mais tarde a deter um papel importante no primeiro grande salto, no sentido de se transformar em político francês de primeiro plano, dado por François Mitterrand.

Para Judt, em Aron contou principalmente a coragem de, sem se autoexcluir, se manter a contracorrente, de se servir da sua capacidade de agir sempre com um certo sentido de provocação, uma permanente vontade de questionar as tendências conjunturalmente dominantes que definem, uma vez mais, o papel exemplar, como farol sinalizador e instrumento crítico de todo o intelectual. Aliás, este desejo permaneceu também bem presente ao longo da sua vida na rara associação que estabeleceu entre uma atividade académica intensa, rica e reconhecida e uma intervenção política de primeiro plano à qual jamais virou as costas. Aron sempre defendeu que as duas componentes, a académica e a política, deveriam permanecer interligadas, o que representou também uma das suas originalidades. Por isso, mas também pela vasta cultura que detinha, pela dimensão poliglota e pela permanente vontade de dialogar com saberes de outras origens, Judt qualificou Raymond Aron como «o mais cosmopolita intelectual francês do seu tempo» (TBR: 144), não escondendo a sua admiração pessoal.

A escolha dos guias e dos modelos observados e, de alguma forma, apropriados por Tony Judt não ficaria, naturalmente, por estes homens. Encontram-se em toda a sua obra muitas abordagens ou referências individuais que evidenciam processos de aproximação ou estados de empatia, mais distantes ou mais próximos, capazes de municiar algumas das suas convicções e também muitas das suas estratégias argumentativas. Em todos eles, porém, existe um traço comum, que o próprio historiador identificou em *Pensar o Século XX*, saído postumamente: «eu não estava interessado em vencedores; Annie [Kriegel, uma das primeiras historiadoras do comunismo francês] percebeu isso e achou que essa era uma qualidade louvável num historiador sério» (PSX: 156). De facto, esta escolha não poderia deixar de marcar a pauta de referências pessoais que Judt foi convocando.

O impacto da obra e da intervenção cívica de George Orwell (1903–1950), cuja leitura lhe fora muito incentivada pelo pai, um seu declarado admirador, não poderia deixar de estar presente no horizonte de atenção e de interesse de Tony Judt, dada a forma como a maior parte da sua obra, e principalmente aquela que obteve reconhecimento nacional ou universal, resultou também da aproximação da atividade literária e jornalística a um permanente interesse pelas questões sociais e pelos conflitos políticos do seu tempo, sempre dentro de uma perspetiva de grande autonomia e de constante combate, que foram, em boa medida, marcas da vida e da intervenção pública do escritor inglês. Em *Pensar o Século XX*, Judt insiste em recordar que Orwell foi um dos primeiros comentadores políticos — uma das múltiplas facetas do intelectual inglês — «a perceber que as questões da justiça e da sujeição deviam ser assumidas pela esquerda, e não menos que o eram os temas tradicionais das classes e da política» (PSX: 74). Aliás, destaca mesmo esse aspeto, até por não considerar que Orwell tivesse estado nos dois romances habitualmente referidos como «antitotalitários» (*Animal Farm / O Triunfo dos Porcos* e depois *1984*) ao nível de outros escritores que antes tinham abordado o género, como Yevgeny Zamiatine, em *Nós*, lançado em 1924, ou, mais próximo, Arthur Koestler, em *O Zero e o Infinito*, de 1940.

Já em entrevista a *The Nation*, concedida em 2010, para além de referir a forte impressão que nele deixara a leitura de *Homenagem à Catalunha*, o conhecido relato da intensa experiência humana de Orwell durante o período em que combateu do lado dos republicanos durante a Guerra Civil de Espanha, refere mesmo, no campo da definição formal do que chama «uma ética de esquerda», a existência de um paradigma pré-Orwell e de outro que considera pós--Orwell, associando esta diferença justamente ao reconhecimento de valores morais e humanos necessariamente colocados acima do mero pragmatismo político, tantas vezes sobrevalorizado, em particular quando associado à conquista e à conservação a todo o custo do poder (Smallwood, 2010), escolha particularmente patente durante as décadas conturbadas em que decorreu a vida criativa do escritor inglês. Tony Judt foi, merece a pena recordá-lo, menção especial no Prémio Orwell de 2009, atribuído pelo University College de Londres ao melhor livro político editado — no caso, *O Século XX Esquecido*, na realidade uma obra de história das ideias —, o que não deixou de decorrer da ligação estreita e permanente, por vezes de óbvia cumplicidade, que manteve com o escritor britânico nascido na Índia.

Em parte, esta referência moral foi também encontrada nas leituras que Tony Judt fez de Arthur Koestler (1905–1983), e desde logo na de *O Zero e o Infinito*, mencionada nas mesmas declarações de Judt à *The*

Nation. Neste romance, a personagem principal, o fictício e velho militante Rubachov, foi inspirada nos líderes bolcheviques perseguidos e aniquilados por Estaline durante as gigantescas purgas da segunda metade da década de 30 do século XX, em particular durantes os Processos de Moscovo, relatando o sistema que conduziu à sua morte e refletindo sobre as suas incidências. De Rubachov escreveu Orwell no ensaio «Arthur Koestler», incluído na versão das suas *Obras Completas* que estão disponíveis na Internet, que «poderia ser chamado de Trotsky, Bukarine, Rakovski ou alguma outra figura relativamente civilizada entre os velhos bolcheviques» (Orwell, 2003). *O Zero e o Infinito* é um dorido texto sobre a desilusão comunista e foi um dos trabalhos fundamentais «de uma educação de esquerda dissidente nas décadas do pós-guerra, de que eu, afortunado neófito, fui beneficiário» (PSX: 92–93).

Koestler, judeu, escritor, jornalista, ativista político, foi, para muitos intelectuais do seu tempo, uma figura fascinante e omnipresente, amada e odiada, à qual, no contacto direto ou na leitura, era difícil permanecer indiferente. Para Judt, que conhecera a sua luta pelo direito a uma observação e a uma posição crítica do estalinismo, numa altura em que não era possível tê-la sem se ser necessariamente «a favor» ou «contra», concitando ódios quando «a lógica do antifascismo era binária» (PSX: 194), esse foi um trabalho necessário. Em *Pensar o Século XX*, Judt refere Koestler na qualidade de «intelectual exemplar», pela forma como, de uma maneira prática, perseverante e aberta a um diálogo público com os seus leitores, contribuiu para emancipar um grande número de pessoas da ficção produzida a propósito da suposta dimensão benévola do estalinismo, apesar do isolamento pessoal que tal lhe granjeou junto de uma parte importante da área política que fora e em certa medida permanecia a sua. É, aliás, esse lugar, esse «estatuto marginal», como lhe chama, que Judt considera «mais relevante e interessante» (PSX: 40).

A lista de autores que em Judt foram sendo enunciados como exemplares e, de algum modo, como orientadores para a ação na escolha ou na materialização de algumas das posições públicas que ele próprio tomou, tratadas no último capítulo deste livro, ficaria incompleta sem a curta menção de mais sete notáveis influências, todas elas com uma presença recorrente nos seus escritos e intervenções.

A primeira foi a de Primo Levi (1919-1987), em particular pelo seu esforço para dar voz a muitos sem voz, denunciando muito cedo, quando esse era ainda um tema evitado ou mesmo tomado como tabu — «indelicado» como se lhe referiu o próprio Levi —, o processo de extermínio e de desumanização levado a cabo nos campos de concentração e extermínio construídos pelos nazis, em particular em Auschwitz, onde foi prisioneiro e contactou o horror mais extremo que é aquele, como o próprio referiu em *Se Isto é um Homem* — publicado em edição normal apenas em 1958, após onze anos sem encontrar editor com alguma dimensão —, que contém uma dimensão indizível, situada para além daquilo que as palavras conseguem exprimir.

Como recorda António Sousa Ribeiro, é conhecida a aporia do testemunho, suscitada, em 1986, por Primo Levi em *Os que Sucumbem e os que se Salvam*, onde este escreveu, num passo muitas vezes citado: «A história dos *Lager* foi escrita quase exclusivamente por aqueles que (...) nunca os sondaram até ao fundo. (...) Os que o fizeram, os que viram a Górgone, não regressarem para falar disso, ou regressaram mudos» (*apud* Ribeiro, 2010). Isto é, a verdadeira testemunha, aquela que possui o conhecimento mais extremo e mais vivo, é, paradoxalmente, aquela que é incapaz de testemunhar, por não ter sobrevivido. Existe, todavia, um dever de testemunho, da parte daqueles que puderam sobreviver, que Levi, contra todos os obstáculos, considerou sempre até ao fim uma prioridade da sua vida e do seu trabalho.

De acordo com Judt, o lugar fundador e exemplar de Levi na literatura testemunhal do Holocausto deve-se em larga medida à missão, a seu ver tão meritória quanto urgente e necessária, de erradicar o horror nazi de um universo que transcendeu em boa parte o regime dirigido por Hitler, não tendo desaparecido com ele e mostrando-se, sob determinadas condições, capaz de reemergir, como asseverou no artigo «As verdades elementares de Primo Levi», publicado em 1999 na *New York Review*. Aliás, a questão da responsabilização moral coletiva dos alemães, durante décadas negada ou escamoteada, e só mais recentemente encarada de frente na sua complexidade, relaciona-se também com o padrão de missão que releva a iniciativa de Levi.

A segunda figura a relevar nesta série de influências na formação de Tony Judt como intelectual público foi Hannah Arendt (1906-1975). O historiador não é um «arendtiano» incondicional, tendo mostrado em relação à obra da filósofa e cientista política alemã de origem judaica algumas insuficiências teóricas pontuais. Mas interessam-lhe muito dois temas, centrais no trabalho desta. São eles, como identifica, «o problema do mal político no século xx» e «o dilema do judeu no mundo contemporâneo» (OSX: 84). O primeiro prende-se com a definição e o debate, em Arendt, sobre a essência, a unidade e a diversidade do fenómeno totalitário, ou do «totalitarismo», particularmente voltados para a crítica dos fascismos, sobretudo do nacional-socialismo germânico, e a denúncia dos processos do estalinismo, ambos coincidentes na vontade de subjugar a liberdade de pensamento e de fazer assentar o seu poder na força e na manipulação do «senso comum». Neste, aliás, se escorou o propagado e discutido conceito de «banalidade do mal». Já sobre o judaísmo, Judt vê em Arendt a expressão de uma escolha acentuadamente livre e crítica, que rejeita os fundamentos e as propostas do sionismo, do qual o historiador se foi progressivamente afastando. A própria vida pessoal de Arendt, jamais voltada em exclusivo para o universo académico do qual veio e ao qual por mérito próprio pertencia, é também referida como um exemplo de combatividade no domínio do público.

A terceira influência foi a do intelectual palestiniano Edward Saïd (1935-2003), que para Tony Judt «viveu toda a vida incompatibilizado com as várias causas às quais era associado» (OSX: 173). Relembra, aliás, algumas das suas contradições: «porta-voz» involuntário dos palestinianos, na sua maioria muçulmanos, quando era um cristão anglicano, partidário de posições moderadas que uma boa parte das organizações da resistência palestiniana à ocupação israelita rejeitava, defendendo «uma alternativa não--exclusiva, secular, democrática, para o impasse presente» (OSX: 180). Além disso, exprimia-se com maior facilidade em inglês e francês do que em árabe, uma vez que fora educado fundamentalmente numa cultura ocidental, que nunca deixou de ser a sua matriz, embora em certa medida a viesse a rejeitar. Todavia, tal não impediu que Saïd tenha sido convertido no «ídolo idealizado de uma geração de relativistas culturais em universidades de Berkeley a Bombaim», para quem o seu conceito de «orientalismo» tudo justificava, dos exercícios carreiristas em obscurantismo pós-colonial («escrever sobre o outro») à denúncia da "Cultura Ocidental" no currículo académico» (OSX: 173). Porém, este modo de leitura algo perversa do trabalho de Saïd não impediu Judt de relevar a importância, «o lugar insubstituível», do seu combate, prolongado durante mais de três décadas e praticamente solitário, para o reconhecimento, na Europa e sobretudo nos Estados Unidos, do problema da Palestina e do lugar do povo palestiniano na sua longa e dramática relação de conflito com Israel. Em *Edward Said and the Work of the Critic*, Paul A. Bové lembra os três valores essenciais da responsabilidade do intelectual crítico que

Saïd partilhou: «a ousadia e a extensão do conhecimento, o rigor histórico e académico, a profundidade da ética política». Judt manifestou uma idêntica perceção (Bové, 2000).

O historiador francês François Furet (1927-1997) é outra das presenças, a quarta, na lista dos que influenciaram Judt. Para além do notável impacto mediático que teve sobretudo em França, particularmente incomum para um universitário, nele Tony Judt encontrou dois contributos cruciais. O primeiro prende-se com a forma como Furet renovou a interpretação da Revolução Francesa, enfatizando o seu papel para uma alteração radical no equilíbrio filosófico e político da França e da Europa, tão importante, se não mais, quanto a reorganização dos interesses económicos de classe. O segundo contributo de Furet para o percurso de Judt traduziu-se, pelo seu lado, na identificação e apreciação académica, ao mesmo tempo voltada para o presente, do mito comunista no século xx, materializada no ensaio à época controverso *O Passado de uma Ilusão*. Neste livro, com um enorme impacto na altura da publicação, em 1995, boa parte da análise apontou para uma leitura dessacralizada do leninismo, que considera ter transferido para o século xx a fábula da renovação e da transcendência revolucionária que o mito da Grande Revolução havia legado à França. Com a agravante de, quando aplicado às sociedades do Leste europeu, se ter transformado — as palavras são de Judt — numa «distorção patológica das aspirações universalistas ocidentais», bem como numa «servidão intelectual voluntária dos seus admiradores» (QFM: 367-371).

A quinta figura a destacar, dotada de uma presença recorrente na obra de Judt e relembrada em alguns dos seus apontamentos autobiográficos, foi a do economista John Maynard Keynes (1883-1946). A admiração de Judt por Keynes chegou por duas vias. Desde logo pela tendência socialista do historiador, favorável à interferência do Estado na gestão da sociedade, mas também pelo facto de, após ter conhecido uma época de relativa expansão, e apesar de pertencer a uma geração anterior, Keynes, tal como ele, ter assistido ao colapso daquilo que antes lhe parecera uma prosperidade e uma segurança firmes e definitivas. A invenção de Keynes de uma escola de pensamento económico fundada no argumento de que o Estado pode e deve intervir em tempos de recessão económica, e, neste domínio, tem também o dever de exercer funções de planeamento, viria a determinar para Judt não só o reconhecimento do seu pioneirismo, mas também a perceção de que esses deveriam ser um dos fundamentos da conceção de social-democracia, combinando o caráter providencialista do Estado com a defesa da propriedade privada e da livre iniciativa que, como se verá, em determinado momento adotou. São constantes as referências ao economista na sua obra, sendo-lhe atribuído um lugar central, em termos de influência, na importante componente de autobiografia intelectual que se encontra inscrita em *Pensar o Século XX*.

Menos conhecidas, mesmo da parte de um público instruído, serão outras duas figuras, a seu ver modelares, que Judt fez questão de procurar conhecer melhor e de destacar. A sua relativa obscuridade pública — aparentemente contraditória com a importância que o historiador lhes conferiu — justifica aqui uma atenção um pouco maior atribuída às suas biografias.

A sexta figura da lista de Judt foi então Manès Sperber (1905–1984), romancista, ensaísta e psicólogo de dupla nacionalidade austro-francesa, que se notabilizou principalmente com a publicação de uma trilogia autobiográfica, *Qu'une larme dans l'ôcean*, escrita sob a forma de *roman à clef* e publicada entre 1949 e 1955 com um prefácio de André Malraux, onde relatou a sua atribulada vida, em cujo decurso mostrou não ter precisado de esperar pelo fim dramático da Segunda Guerra Mundial para se compreenderem e denunciarem alguns dos males e dos monstros dos vários mundos que foi habitando em tempos particularmente conturbados.

Sperber nasceu no seio de uma família hassidista em Zabłotów, uma aldeia maioritariamente habitada por judeus, situada então no Império Austro-Húngaro (é hoje Zabolotiv, e está localizada na Ucrânia). Em 1916 a sua família mudou-se para Viena, onde Sperber, que, entretanto, havia perdido a fé, aos 13 anos se recusou a fazer o seu *bar mitzvah*, juntando-se ao movimento juvenil socialista-sionista Hashomer Hatzair, «Jovem Guarda». Aí conheceu Alfred Adler, considerado o fundador da psicologia do desenvolvimento individual, de quem se tornou aluno e depois colega. Acabariam por se incompatibilizar em 1932 devido a diferenças de opinião sobre a articulação entre psicologia e marxismo.

Entretanto, em 1927 Sperber tinha ido para Berlim, onde continuou os seus estudos e aderiu ao Partido Comunista. Preso com a ascensão dos nazis ao poder, foi libertado por ser cidadão austríaco, viajando para a Jugoslávia e depois, em 1934, para Paris, onde passou a trabalhar para a Internacional comunista. Em 1938 abandonou o PCF, ao qual, entretanto, tinha aderido, devido às purgas de orientação estalinista que estavam a decorrer no seu interior. Nos seus escritos começou então a abordar o conflito entre a liberdade individual e o conceito de coletivo como este é encarado sob os regimes totalitários. Em 1939 ofereceu-se como voluntário do exército francês, tendo rapidamente passado para Cagnes, na zona livre de França, sendo forçado a fugir para a Suíça com a família quando também nessa região começaram as deportações de judeus. Em 1945 regressou a Paris, passando a trabalhar como escritor e membro do conselho editorial da editora Calmann-Lévy.

Judt sublinha o seu papel num conflito interior, associado a circunstâncias de escolha pessoal que naqueles anos, marcados por conflitos extremados no campo do combate político, não eram muito comuns. Ouçamos o historiador em «A Europa judaica de Manès Sperber», artigo publicado em 1996 na revista *New Republic*: «Sperber, como tantos outros, estava a abandonar o comunismo quando a ascensão de Hitler o deteve a meio do caminho, encurralando-o entre o seu desprezo pelo nazismo e a sua desilusão com o comunismo, e empurrando-o para um silêncio que somente poucos tiveram a coragem moral de romper.» Entre estes refere Koestler e Boris Souvarine, o socialista francês de origem ucraniana, ativista comunista (que cedo entrou em rutura com o estalinismo, mas também com Trotsky), profissionalmente ensaísta e jornalista, a quem se deve uma das primeiras denúncias públicas do Gulag. Por outro lado, Tony Judt destaca também a importância atribuída por Sperber à cultura internacional judaica, na sua dimensão mais solidária e de pendor socialista, bem como o facto de rapidamente ter percebido o logro do modelo soviético e a necessidade de pugnar por uma justiça igualitária que não o tivesse obrigatoriamente como principal referente.

Por último, a sétima figura inscrita por Judt na lista de influências intelectuais marcantes e que merece uma atenção especial é a do filósofo e historiador polaco Leszek Kolakowski (1927–2009). Como lembra em «Adeus a Isso Tudo?», um ensaio sobre o papel do legado marxista na obra de Kolakowski, saído na *New York Review of Books* em setembro de 2006, tratou-se de alguém que «forjou a sua carreira política e intelectual em oposição a determinadas caraterísticas profundamente enraizadas na cultura polaca tradicional: clericalismo, chauvinismo, antissemitismo» (OSX: 140). Kolakowski, que até dois anos antes havia sido membro do Partido Unificado dos Trabalhadores da Polónia (comunista), foi expulso em 1968 da sua cátedra da Universidade de Varsóvia, «por formar as opiniões da juventude de uma maneira contrária à tendência oficial do país», tendo sido forçado a exilar-se em Inglaterra, obtendo um lugar de professor em Oxford.

A sua leitura do marxismo «como uma mescla única — e verdadeiramente original — de ilusão romântica prometaica e de determinismo histórico intransigente», proposta principalmente ao longo das 1200 páginas de *Main Currents of Marxism*, publicado originalmente em polaco em 1975 e cuja tradução inglesa saiu três anos mais tarde, foi, como o próprio reconheceu, muito importante para Judt, ajudando-o a romper com algum dogmatismo herdado da sua juventude militante e que ainda não se dissipara.

Porém, mais do que esse reconhecimento, o que o marcou na leitura do marxismo da obra do autor polaco foi que ela não se situava apenas na dimensão do debate teórico sobre a influência de Marx, associando-a antes a uma experiência política concreta apenas possível a quem viveu no interior de um regime comunista. E foi também a sua leitura das três principais razões pelas quais o marxismo, na sua versão de filosofia de Estado, durou tanto e exerceu um magnetismo tão grande e duradouro sobre algumas das mentes mais brilhantes. Estas terão sido, em primeiro lugar, o seu total atrevimento epistemológico, «o compromisso prometeico de tudo compreender e explicar», seduzindo quem se ocupa de ideias; em segundo, o facto de não ser uma proposta isolada, «uma aberração da história», sendo parte integrante da grande narrativa progressista do nosso tempo; e, em terceiro, «o poder de uma ideia e de um movimento firmemente ligados à representação e defesa dos interesses dos desventurados da Terra» (OSX: 148–150).

Este encontro com uma certa forma de compreender a grandeza do marxismo proposta por Kolakowski não pode ser considerado sem que, ao mesmo tempo, fosse tida em linha de conta a forma como vinha percebendo e compreendendo muitos dos sinais e dos fatores da sua perversão. Nesta direção, o autor polaco terá também «levado o mal extremamente a sério», uma das caraterísticas que Judt toma como essenciais na sua intervenção, como declarou num ensaio publicado em 2009 na NYRB. Nesse sentido, a partir de dado momento passou a rejeitar como falsa a premissa de Marx segundo a qual todas as deficiências humanas têm origem nas circunstâncias sociais. Lembra Judt no ensaio «The Devil in History», resultante de uma conferência proferida em 2005, que para Leszek Kolakowski, que viveu a ocupação nazi e a conquista soviética da Polónia, «o diabo faz parte da nossa experiência, a nossa geração viu-o suficientes vezes para levar a mensagem muito a sério» (QFM: 382).

Considerando-se então o lugar de Tony Judt ocupado numa linhagem de intelectuais públicos, por si recorrentemente evocada com invulgares traços de simpatia e de proximidade, e com um esforço de enunciação de uma exemplaridade que transcende a singularidade do trajeto pessoal, torna-se agora necessário encontrar o lugar, nessa espécie de genealogia, que na dimensão da sua própria obra foi capaz de ir construindo e de oferecer a um público. Como se verá, toda essa ascendência foi construída sobre um sólido fundo ético e político, em boa parte bebido em exemplos e experiências recolhidos das ideias e das escolhas partilhadas com outros. Uma genealogia que determinou tanto as escolhas temáticas como as chaves de leitura que foi propondo a quem o leu e escutou.

4.

A OBRA E OS PROJETOS

Pode reconhecer-se, nas escolhas de vida como no conjunto da obra de Tony Judt, uma persistente demanda do preenchimento da sua missão como intelectual público, focada, em primeiro lugar, nos seus escritos de natureza historiográfica e ensaística, mas também naqueles mais assumidamente pessoais e destinados à intervenção cultural e política, onde a sua condição profissional e o padrão de conhecimento que esta lhe permitia obter ainda assim jamais estiveram ausentes. Este capítulo ensaia uma visão panorâmica desse legado deixado impresso, todo ele ainda facilmente acessível ao interesse dos potenciais leitores.

Os primeiros textos, editados entre 1975 e 1979, ocuparam-se sobretudo de um reconhecimento das origens e do desenvolvimento das correntes socialistas em França. Em 1972, Judt completou o doutoramento em História na École Normale Supérieure de Paris, cidade então recém-saída dos eventos do *Maio francês,* cujo eco ainda pôde recolher no interior da comunidade universitária e nas suas ruas e *bistrots,* como relatou no artigo «Paris foi ontem» (OCM: 113). Nesses anos foi construindo uma teia de interesses e desenvolvendo experiências de investigação que fundamentariam esses escritos iniciais.

Como já foi referido, começou com uma tese escrita em inglês, mas traduzida e publicada em francês no ano de 1976, subordinada ao título *La Reconstruction du Parti Socialiste: 1921-1926*, publicando também, por essa altura, dezenas de artigos em publicações académicas que retomam ou desenvolvem alguns dos aspetos abordados nessa obra inicial. A edição do livro saiu acompanhada de um prefácio de Annie Kriegel, a historiadora francesa especialista em história do comunismo, que juntamente com Maurice Agulhon, estudioso da história política da França nos séculos XIX e XX, constituíram as mais importantes ajudas recebidas por Judt enquanto jovem profissional da História.

Esta obra foi publicada numa época na qual, em França, eram já numerosos os estudos sobre a história do Partido Comunista, mas escassos ainda aqueles que se ocupavam da evolução do seu parceiro de combate, de cujos destinos os que o criaram se haviam separado em dezembro de 1920, por altura do congresso da Section Française de l'International Ouvrière (SFIO), realizado em Tours, optando em larga maioria por manter a ligação à Terceira Internacional comunista. Em «Tony Judt: A Cooler Look», um artigo publicado por Dylan Riley na *New Left Review*, sublinha-se a importância deste estudo para diluir uma ideia feita, durante bastante tempo divulgada, segundo a qual a clivagem ideológica tinha sido então muito clara. Judt argumenta que não foi de modo algum assim e que os militantes que se mantiveram na SFIO, o futuro Partido Socialista, «rejeitavam a colaboração com os governos burgueses e advogavam a ditadura do proletariado» (Riley, 2011: 33). Na realidade, os socialistas franceses, nessa fase, nem sequer pediram a integração na Segunda Internacional, tendo preferido aderir à «internacional 2,5», a União de Viena, então proposta pelos marxistas austríacos e alinhada politicamente numa posição intermédia, entre revolucionários e reformistas. Neste processo, Judt destaca já o papel desempenhado por Léon Blum, atrás referido como uma das suas grandes referências intelectuais e políticas, e que virá depois a retomar num outro estudo. Salienta também de que modo os socialistas franceses sempre rejeitaram o anticomunismo como princípio identitário, optando em regra por uma via de abertura, de que o governo de convergência da Frente Popular veio a constituir o mais cabal exemplo.

Em 1979 irá publicar *Socialism in Provence 1871– –1914*, com o subtítulo *A Study in the Origins of the Modern French Left*, saído em 1979 e por si considerado na própria obra como um «estudo sobre uma tradição política que moldou uma nação». Esta terá sido provavelmente, em toda a vida, a obra para a qual desenvolveu um trabalho de arquivo mais extenso e aturado. Ao mesmo tempo, ela foi também a única na qual procurou situar a sua investigação no domínio da história social, a tendência que durante as décadas de 1970–1980, e particularmente em França, dominara o campo historiográfico. Para esse efeito, recuou em termos de abordagem cronológica ao período anterior ao início da Primeira

Guerra Mundial, esforçando-se por mostrar de que modo — e uma vez mais ao arrepio de uma conceção vulgar, erradamente projetada com base num conhecimento superficial — o socialismo em França se desenvolveu, no final do século XIX, principalmente em regiões periféricas das grandes cidades e junto de pequenos proprietários agrícolas, e não, como seria de supor, nas cidades e entre os operários. Teria sido justamente a sua relativa independência, verificada sobretudo entre os vinicultores, a dar-lhes alguma capacidade de luta e reivindicação, levando-os a baterem-se por uma intervenção do Estado no domínio da propriedade agrícola. Segundo Judt, foram, pois, interesses materiais concretos a explicar o surgimento e a influência do socialismo em várias regiões de França, em particular na Provença, se bem que a persistência dessa influência rapidamente tivesse adquirido também uma dimensão cultural e política que passou a integrar a sua identidade.

Para Judt, no início do seu percurso como historiador e intelectual cujo trabalho foi sempre pautado por uma grande autonomia no plano epistemológico, esta obra aponta para um argumento então em larga medida inovador. Riley identifica-o da seguinte forma: «a persistência de um socialismo de raiz marxista em França ficou a dever-se à existência de um grande número de proprietários rurais, combinada com a introdução, que ocorreu muito cedo, do sufrágio universal, ambos herança da Revolução Francesa» (Riley, 2011: 35). A sua tese contrariou, pois, a perspetiva até à altura dominante na história do movimento socialista em França, segundo a qual a sua base social mais natural e mais segura, e o fundamento da sua força política, residiria no lugar ocupado pelos operários das cidades e das suas áreas periféricas.

A escolha do socialismo em França como objeto de estudo não resultou de uma simples opção académica, como é patente quando se observam os antecedentes do historiador e viria a ser comprovado em comentários seus posteriores. Verifica-se, ao mesmo tempo, um esforço visível para, a partir de uma perspetiva heterodoxa, confrontar a história do socialismo com alguns dos seus mitos e ideias-feitas. Esta propensão será ainda mais percetível no livro seguinte, *Marxism and the French Left: Studies on Labour and Politics in France 1830–1982*, editado alguns anos depois, em 1986. Como se depreende de um tal subtítulo, trata-se de uma coletânea de ensaios ainda inéditos sobre aspetos diversos da história dos séculos XIX e XX, que constituiu também o primeiro trabalho de Judt abertamente inserido no campo da história intelectual.

A sua estrutura é incomum: a dois densos capítulos que possuem como paisagem o movimento operário francês no século XIX e a vida turbulenta da SFIO no período que vai de 1920 a 1936 segue-se uma polémica perspetiva do marxismo em França durante as *trente glorieuses* — como é conhecido em França o período de forte crescimento económico e de melhoria das condições de vida que ali teve lugar sensivelmente entre 1946 e 1975 —, concluindo a obra com uma abordagem da vitória eleitoral de François Mitterrand em 1981. Ao longo de três centenas e meia de páginas é possível deparar com um

Judt que se vai distanciando dos trabalhos anteriores, passando do esforço de natureza mais empírica que neles operara para uma abordagem de natureza mais analítica. Esta continua, porém, o seu esforço, funcionando como *leitmotiv* para mobilizar a história ao serviço de um debate público sobre os próprios caminhos do socialismo e do marxismo.

O caráter controverso advém principalmente do facto de o autor propor cortes no processo de abordagem das diversas etapas do socialismo em França, o que contraria leituras que procurem nesse processo claros traços de coerência e continuidade. Assim, se para o século XIX insiste na articulação do caminho da esquerda com a influência da Revolução Francesa, como se viu, já presente no livro anterior, considera agora que só pelos meados do século XX foi possível detetar em França «atitudes críticas consistentes contra o capitalismo» (MFL: 10). Aborda depois, numa perspetiva que já não é tanto a do historiador *tout court*, a emergência daquela que chama a «revolução eleitoral de 1981» como tendo estado associada a um afastamento, por parte do Partido Socialista, de formas de luta associadas quase exclusivamente à mera crítica ao lucro e à exploração, passando a uma abordagem mais responsável, assumindo-se como um partido de governo, já não apenas de protesto. Todavia, Judt tem o cuidado de esclarecer que o seu livro não ensaia uma história «da esquerda, do socialismo e muito menos do movimento operário em França» (MFL: 11), correspondendo antes, sob a forma de ensaio, ao reconhecimento de determinados contextos e da forma como, no plano político, para eles a esquerda francesa foi procurando respostas sucessivas.

Entretanto, pela segunda metade da década de 1980, a vida pessoal de Judt dará uma volta. Ao mesmo tempo que o seu primeiro casamento termina, decide também abandonar o trabalho centrado na história da França e deixar a Grã-Bretanha como local de vida e trabalho, mudando-se para os Estados Unidos em 1986, onde no ano seguinte passará a lecionar no Instituto Francês da Universidade de Nova Iorque. No capítulo «Vai para Oeste, jovem Judt», incluído em *O Chalet da Memória*, recorda a aventura de iniciar uma vida nova num universo que rapidamente percebeu conhecer bastante pior do que imaginava: «A minha geração substituiu entusiasticamente Bing por Elvis, e Elvis pela Motown e os Beach Boys, mas não fazíamos a menor ideia do verdadeiro aspeto de Memphis ou Detroit, ou até mesmo do sul da Califórnia. A América era, por isso, inteiramente familiar, e completamente desconhecida» (OCM: 160).

Foi por esta altura que Judt passou a colaborar regularmente com a *New York Review of Books* e se virou decididamente para a história dos intelectuais, a partir daí o eixo central dos seus interesses como historiador das ideias. Fá-lo pela primeira vez de forma explícita numa obra destinada a tornar-se controversa e a envolvê-lo num combate próprio desse lugar crítico e combativo que, sendo-se profissional da história ou de qualquer outra especialidade, preenche sempre a essência do intelectual público. Em *Past Imperfect: French Intellectuals, 1944–1956*, publicado em 1992, meia década após a sua mudança definitiva para o lado ocidental do Atlântico, Judt abandona então a história social e o seu trabalho inicial pela redenção das origens do marxismo e do socialismo em França para passar a fazer a crítica, mais no campo da história política e dos intelectuais do século XX, de uma parte daquele que foi o «percurso adquirido» por muitos deles.

O título da obra incorpora, como se percebe, um conceito gramatical que designa um tempo verbal, o pretérito imperfeito, normalmente destinado a traduzir um acontecimento do passado que não chegou a ser concluído. É aqui aplicado metaforicamente a um determinado lapso de tempo em relação ao qual se considera que uma certa descrição de perfeição, de conclusão, não corresponde de todo à expressão da realidade histórica. O tema central com o qual Judt aqui lidou — a posição acrítica da maioria dos intelectuais, escritores e artistas franceses após o final da Segunda Guerra Mundial, perante a União Soviética e o «vórtex do comunismo» que em torno dela girava — não terá resultado de um mero acaso, sendo de facto, sob o seu ângulo de análise, a expressão de uma espécie de psicose coletiva, de uma agressiva cegueira moral, que teve resultados políticos pesados, e para muitas pessoas também consequências pessoais terríveis. E que não deve, por isso, deixar de ser olhada de um modo frontal.

Em artigo publicado na revista *H-France Salon*, Samuel Moyn, da Universidade de Columbia, sublinha que neste livro Tony Judt recolocou o tema dos «direitos humanos» no eixo da tradição do pensamento liberal europeu, sendo tomado aqui o conceito de «liberal» no seu sentido norte-americano, como é sabido cultural e politicamente mais à esquerda. Refere então que, com ele, Judt de certa forma importou a reflexão europeia sobre os intelectuais franceses que deram corpo a essa tradição, tornando-a mais presente e compreensível para os leitores anglo-americanos. Mostrou também de que modo a intervenção de alguns desses intelectuais no plano da defesa dos referidos direitos os conduziu a um certo «antitotalitarismo», produzido como uma denúncia militante das concessões a regimes autoritários criados por alguns dos mais importantes *maître-penseurs*, seus colegas de ofício (Moyn, 2012).

Past Imperfect divide-se em quatro partes. Na primeira, intitulada «A força das circunstâncias?», discute-se o território intelectual presente nos últimos tempos de guerra e nos anos que a precederam, dividido principalmente entre esquerda e direita, numa lógica de antagonismo que considerava o liberalismo político o inimigo principal, tomando a República como corrupta e irredimível. A guerra tê-lo-ia acentuado, de um modo quase natural, generalizando práticas de confronto, e mesmo de violência — do lado da ocupação, da colaboração com esta ou da resistência —, na convicção de que a vida era basicamente uma série de confrontos com o inimigo. E neste terreno teria encorajado as escolhas de muitos intelectuais, que excluíram a figura da neutralidade, ou do que consideravam ser a indiferença, passando a coabitar diariamente com o antagonismo. Foi neste contexto que muitos intelectuais resolveram permanecer do «lado justo», entendendo como um dever combater os restantes ou, no mínimo, distanciar-se deles.

A segunda parte tem como título «O sangue dos outros», aborda a atitude de muita da *intelligentsia* francesa perante os julgamentos-espetáculo ocorridos na Europa do Leste entre 1947 e 1953, traduzida num registo de indiferença ou mesmo de complacência e de justificação perante os crimes do estalinismo e a repressão de qualquer forma de pluralismo político naquela região. Um universo complexo, e até há pouco muito mal conhecido, mas recentemente abordado com grande pormenor pela historiadora norte-americana Anne Applebaum, em *The Iron Curtain. The Crushing of Eastern Europe, 1944–-1956* (Applebaum, 2012). Para Judt, a forma como uma parte dos intelectuais franceses reagiu perante questões complexas que então envolviam «justiça, moralidade, terror, punição» (PIF: 10) revelou a ambivalência política e ética de muitos deles. Na sua perspetiva, bastantes pensadores franceses deixaram-se cegar «pelo seu próprio provincianismo», mostrando-se incapazes de compreender que, apesar do complexo contexto da Guerra Fria, o seu compromisso como intelectuais lhes requeria também o questionamento do modelo centralista e autoritário estalinista, bem como a crítica da política da União Soviética para a Europa após o termo da Segunda Guerra Mundial.

A terceira parte de *Past Imperfect* é designada «A traição dos intelectuais». Contém material descritivo que de alguma forma documenta a anterior, insistindo em alguns dos temas dominantes da paisagem intelectual francesa da época, como a omnipresença de um antiamericanismo visceral, uma conceção determinista da História muito forte, em especial de pendor marxista, adotando a ideia de que esta possui um sentido unívoco e incontornável, e uma ética bifocal que conduzia muitas vezes a justificar o injustificável, aplicando, consoante o campo no qual se encontrava quem tomava esta ou aquela atitude, padrões de índole ética completamente distintos a práticas que na realidade detinham a mesma natureza.

Por fim, na quarta parte da obra, intitulada «O reino do meio», procura mostrar-se de que modo este género de escolha, particularmente notório no período que vai de 1944 a 1956, foi posteriormente suavizado, ainda que não tenha deixado de moldar as opções de muitos intelectuais franceses da época. Mesmo quando, à medida que a década de 1960 foi avançando, essas posições se tinham tornado cada vez mais moduladas ou contrariadas pelas escolhas de uma nova geração, mais flexível e libertária, e também mais crítica do modelo burocrático do «socialismo realmente existente» e das posições de muitos dos seus defensores ocidentais. Uma posição particularmente motivada pela crítica do autoritarismo estalinista e do «culto da personalidade» levada a cabo dentro da própria União Soviética a partir da época «do degelo krucheviano», entre 1956, ano da realização do XX Congresso do Partido Comunista da União Soviética, que denunciou os crimes de Estaline, e 1964, mais tarde foi ampliada pelos episódios e pelos ambientes de 1968 vividos em Praga e em Paris.

Ainda assim, Judt considera que a passagem progressiva de um apoio incondicional às posições pró-soviéticas para um «terceiro-mundismo» adveio, em parte, da mesma «falha moral» que excluiu qualquer crítica aos modelos em vigor na Europa de Leste. Ao examinar a condição intelectual francesa da fase ulterior, considera, retomando o conhecido epigrama de Jean-Baptiste Karr saído em 1849 no jornal satírico *As Vespas*, que, de alguma forma, «plus ça change, plus c'est la même chose». Tudo mudara para ficar essencialmente na mesma: por um lado, a sedução da violência diminuíra, o declínio do papel do intelectual junto do grande público retrocedera e a França deixara de pensar-se como o centro do mundo; mas, por outro lado, a tendência para considerar o coletivo como prevalecendo sobre o individual tinha-se mantido, mesmo sabendo-se que essa atitude deixara, entretanto, de ser um exclusivo da esquerda política.

Este será um padrão de crítica que Judt irá retomar em vários escritos posteriores, sempre que no domínio dos acontecimentos observados estiveram em causa escolhas de uma parte significativa da esquerda francesa e europeia.

Foi assim, por exemplo, quando na sequência do reconhecimento por parte do presidente Jacques Chirac, em 1995, da responsabilidade do Estado francês na colaboração com a ocupação alemã, publicou no *The New York Times* um texto de opinião, «French War Stories», no qual sublinhou que pessoas como Jean-Paul Sartre e Michel Foucault se «mantiveram curiosamente em silêncio», enquanto, paradoxalmente, proclamavam a necessidade de se afirmarem politicamente *engagés*, de tomarem posição, duas gerações de intelectuais se concentraram numa espécie de «russofilia intelectual» (PIF: 153) e num ataque obsessivo a todos aqueles que contestavam, ou simplesmente questionavam, o modelo soviético, mantendo uma incapacidade ética que em alguns casos «retardou mesmo o avanço da causa que defendiam», uma vez que alienavam muitos apoiantes. Ao mesmo tempo, Judt considerou que a realidade da administração de Vichy foi branqueada com a culpabilização limitada a «meia dúzia de fascistas senis» julgados como colaboracionistas. Considerou que isto em boa parte aconteceu porque poucos quiseram olhar de perto o que se passou durante a ocupação, talvez porque também poucos intelectuais de renome se colocaram do lado justo e arriscado da guerra, assumindo a tarefa de resistir diariamente ao ocupante pela palavra, mas também através da ação.

Tony Judt massacra os seus vilões — acima de todos eles coloca Jean-Paul Sartre, retratado como um convencido, pessoa ao mesmo tempo indulgente e hipócrita, e que acusa de inconsistência filosófica, de desonestidade moral, de «amnésia autoimposta» e, por estranho que tal pudesse parecer, também de «autocomiseração» — mas critica também figuras como Emmanuel Mounier, Simone de Beauvoir, Maurice Merleau-Ponty, Jean Lacroix ou Jean-Marie Domenach, fazendo pelo caminho o julgamento de revistas como a *Esprit* e a *Temps Modernes*, bem como de muitos dos *compagnons de route* do PCF. Mas tem também os seus heróis cintilantes. Nesta obra eles são principalmente Raymond Aron, François Mauriac, Jean Paulhan e, acima de todos eles, uma vez mais, Albert Camus, representantes no seu conjunto de uma espécie a seu ver rara — designada a do «intelectual liberal» — cuja coragem, por vezes até física, Judt faz questão de destacar e de se esforçar por documentar.

A forma como Tony Judt aborda o conflito público e o rompimento de relações pessoais entre Camus e Sartre é particularmente importante para entender a sua leitura e compreender a sua posição. Apesar da proximidade pessoal que durante bastante tempo mantiveram, o conceito de responsabilidade intelectual de Camus foi sempre diferente do proposto por Sartre, pois foi apoiado — bastará ler os três *Cadernos* de apontamentos publicados, escritos entre 1935 e 1942, para observar como o fez desde muito cedo — na ideia de que a intervenção política impunha uma medida ética na qual, mais do que a subordinação a um projeto ou credo coletivo, desempenhava um lugar central a consciência do sujeito e a liberdade de expressão.

A publicação de *O Homem Revoltado*, em 1951, onde propõe o conceito de «revoltado metafísico» que coloca no próprio indivíduo, não necessariamente no coletivo, e menos ainda na iniciativa programática de um partido político, a via da sua emancipação, e poucos anos depois, em 1957, as já mencionadas declarações de Camus contra a utilização de processos de terrorismo indiscriminado na luta de libertação do povo argelino, bem como a crítica por igual do franco-argelino aos dois lados da Guerra Fria, não só conduziram a uma rutura pública de relações pessoais com Sartre como imporiam o seu isolamento de grande parte do universo dos intelectuais franceses de esquerda, então dominado ainda pelo Partido Comunista e por aqueles que este influenciava (Sprintzen, 2004). Judt enfatiza aqui a importância do confronto, procurando explicar as razões de Camus, mas também, tendo em linha de conta a caraterização do universo cultural na época em que ele ocorreu, a inevitabilidade do processo de exclusão ao qual este foi sujeito.

Past Imperfect pautará uma profunda revisão da vida política e intelectual da França no período do pós-guerra, observando o conflito que, entretanto, se estabeleceu entre intelectuais com diferentes responsabilidades perante a Ocupação alemã, bem como o impacto de alguns dos seus principais intérpretes junto do público nos anos seguintes. As posições de Judt neste domínio não são, nem nunca foram, isentas de polémica e debate. Em alguns momentos estiveram até marcadas por uma percetível dose de paixão e escolha subjetiva. O interesse não está aqui tanto em saber se sob todos os aspetos foi suficientemente exaustivo e se teve sempre razão — provavelmente isso nem sempre terá ocorrido —, mas na possibilidade de, a partir de um lugar que é o do reconhecimento e estudo do passado, assumir retrospetivamente uma posição crítica, essencialmente situada no domínio ético, e não apenas descritiva ou conforme a leitura consensualista a dado momento vencedora.

A obra seguinte, saída em 1996, *Uma Grande Ilusão?*, coloca uma pergunta como título, ao mesmo tempo que, no subtítulo, se define mais assertivamente como «um ensaio sobre a Europa». Aqui, sem abandonar as preocupações anteriores, o historiador voltou-se para um tema que irá preocupá-lo até ao fim da vida: o passado e o futuro do continente onde nascera na relação com as expectativas de quem sempre o pensou como território tão complexo quanto instável, povoado de grandes expectativas e ensombrado por alguns demónios do passado. Vivera parte dos anos 80 e 90 entre Emory, Oxford, Stanford, Viena e Praga, onde ensinou teoria política, aprendeu checo e estabeleceu relações de amizade ou profissionais com diversos intelectuais europeus, partilhando várias das suas perspetivas, perguntas e perplexidades. Esta vivência foi de grande utilidade na produção do ensaio.

As três questões logo no prefácio de *Uma Grande Ilusão?* parecem antecipar um texto de ciência política, ou de política pura e dura, não marcado em excesso pelo peso da história: «Quais as perspetivas para a União Europeia? Se elas não são de todo cor--de-rosa, porque será? E, afinal de contas, até que ponto será importante que se concretize uma Europa unida?» Parecem também ser colocadas por um eurocético, o que, todavia, desde logo declara não ser, afirmando-se antes como «um europessimista», isto é, alguém que tem como horizonte positivo a construção de uma Europa verdadeiramente unida, mas que acha tal hipótese tão pouco provável que entende como «pouco sensato e até contraproducente» (UGI: 10) insistir demasiado nela.

O conjunto do volume ensaia uma tentativa de justificar a coabitação de uma valorização positiva da ideia da Europa com a expressão de um sentimento de pessimismo em relação ao seu futuro próximo. Nele se distinguem, de certa forma, duas «Europas». A primeira é concebida como um espaço de partilha, composto de peças que colaboram entre si, é uma «Europa do espírito», a «dos direitos humanos, da livre circulação de bens, ideias e pessoas, de uma cooperação e unidade cada vez maiores» (UGI: 15–16), construída entre esforços e lutas no passado tantas vezes marcados pela incompreensão, pela guerra e pela opressão dos povos, mas também pela busca de destinos comuns. Ainda assim era, ou pelo menos parecia ser, há vinte anos, quando Judt escreveu este livro. Mas existia também uma segunda Europa, a «dos interesses», que parecia a todo o momento querer contrariar a primeira. É o esforço comum de aproximação que, numa primeira parte da obra, centrada principalmente no lado ocidental do continente, Judt procura destacar, reconhecendo a todo o instante que a esse se encontrou sempre associada, por parte do conjunto dos europeus, uma profunda consciência das diferenças que mantinham entre si, sendo essa uma das constantes históricas da qual dá conta.

Na segunda parte do livro, Judt volta-se para as transformações ocorridas na Europa de Leste, na sua especificidade pautada por ritmos e modos diversos da outra metade, em larga medida determinadas pela separação de modelos políticos e de desenvolvimento que decorreram depois da Segunda Guerra Mundial e foram sendo aprofundadas no contexto da Guerra Fria, mas que, como Judt mostra, são muito anteriores a ela. Cita a dada altura Metternich, chanceler austríaco entre 1821 e 1848, que afirmava começar a Ásia na *landstrasse*, a estrada que sai de Viena em direção a leste. Considerou também que a assinatura do Acordo de Schengen, inicialmente estabelecido em 1986 e depois sucessivamente alargado até abranger Estados como a Polónia, a Eslováquia ou a Hungria, que apenas viriam a ser incluídos em 2004, constituiu um fator «de uma aritmética política discriminatória», transformando os países europeus do Leste numa barreira destinada a conter imigrantes indesejáveis. Considerou também que perigos similares ocorriam nesse lado da Europa, pois alguns dos críticos do universalismo soviético, que entretanto haviam tomado o poder, se haviam transformado em figuras autoritárias, ao serviço de políticas agressivas, sendo responsáveis pela ressurreição de velhas pulsões nacionalistas ou pelo surgimento de outras.

Na terceira parte, *Uma Grande Ilusão?* versa principalmente sobre as disparidades que separam Estados e áreas inteiras da Europa, a maioria delas com um profundo lastro histórico, procurando mostrar de que modo a sua existência questiona a afirmação de uma realidade que possa acompanhar aquela «Europa do espírito», que em parte permanece ficcionada. Insiste também no problema — atualmente ainda mais evidente do que na altura em que Judt se lhe referiu — do confronto entre o norte e o sul do continente e da relação com os espaços geograficamente próximos dos quais apenas o Mediterrâneo separava os destinos. A conclusão é de novo pessimista: «A "Europa" é mais do que uma noção geográfica, mas menos do que uma resposta» (UGI: 139).

Em 1998, Tony Judt regressará ao seu interesse pelos intelectuais franceses do século XX com *The Burden of Responsibility*, «O Peso da Responsabilidade». Retomará aqui alguns dos assuntos e regressará a certas circunstâncias que haviam, seis anos antes, determinado a publicação de *Past Imperfect*. A introdução possui um título que anuncia de imediato a vontade de conferir à obra uma tonalidade de libelo. Chama-se «The Misjudgment of Paris», em tradução algo livre «O Julgamento Injusto de Paris», e declara desde logo a intenção de redimir de um destino imerecido um conjunto de intelectuais heterodoxos que as ortodoxias, reemergentes no imediato pós--Segunda Guerra Mundial, se tinham encarregado de rejeitar.

Destaca em particular três autores que, como em pormenor se viu anteriormente, foram influências poderosas na sua formação intelectual e na sua obra: Léon Blum, a consciência moral do socialismo; Albert Camus, um homem determinado pelo sentido ético e pelo sentido de justiça; e Raymond Aron, marginalizado pela insistência em acreditar que é possível ser-se coerente sem tomar um partido único. Os três foram *outsiders* — Blum e Aron eram judeus franceses, enquanto Camus, mesmo em Paris, jamais deixou de se sentir um argelino —, os três foram homens de esquerda, embora adversários do estalinismo, contrários ao modelo soviético e relutantes em relação ao exercício da violência revolucionária; por seguirem um trajeto próprio, foram, no tenso e bipolarizado contexto político e cultural da sua época, «excomungados pelos papas de Saint-Germain--des-Près», caluniados, ostracizados, muitas vezes silenciados nos jornais, apesar do prestígio intelectual que em dado momento haviam obtido e do seu profundo e testemunhado empenho nas questões que diziam respeito aos interesses do coletivo e ao vigor da vida democrática. Os três também «pagaram o preço que foi o da sua solidão, o da sua reduzida influência (pelo menos durante boa parte das suas vidas) e o da sua reputação» (TBR: 20), compensada embora por uma legião de amigos e de admiradores que, antes e após a sua morte, jamais deixaram de lhes render homenagem e reconhecer uma poderosa influência no seu exemplo e no seu trajeto de vida.

Blum, um produto da França *fin de siècle*, republicano, *dreyfusard* (em 1898, como se viu já, foi advogado de Zola), crítico literário e teórico do socialismo, foi por vezes apresentado, como já se referiu aqui, como uma espécie de homem do Renascimento. Mas foi o seu papel como sucessor de Jean Jaurès à frente dos socialistas franceses, bem como a sua curta mas decisiva intervenção no governo da Frente Popular, que mais interessaram Judt. Em larga medida porque foi nesta qualidade que Blum se tornou uma voz decisiva da esquerda não comunista, tornando-se por isso objeto da crítica e da derisão, após 1945, da parte dos comunistas e de muitos dos intelectuais seus *compagnons de route*. A sua síntese de republicanismo e de socialismo e o seu convicto parlamentarismo seriam, no entanto, para Judt, como se esforçou aqui por comprovar, essenciais para a construção da ordem democrática do pós-guerra.

Camus manteve naturalmente, como também já foi referido, outro trajeto e outra influência. Desde o início erradamente apresentado como um existencialista, rótulo que sempre negou — aliás, negou também nos *Cahiers* a condição de filósofo, apesar da sua formação académica em filosofia —, foi, no entanto, mais propriamente um moralista, cuja influência adveio de uma participação muito ativa na imprensa — incluindo, como se viu, a direção do *Combat*, o diário parisiense da resistência —, do êxito do ensaio *O Mito de Sísifo*, texto central da proposta de uma filosofia do absurdo, bem como do reconhecimento literário dos seus contos, e sobretudo de romances como *O Estrangeiro* e *A Peste*. Foi este impacto que lhe permitiu sentar-se à mesa do Café de Flore com Jean-Paul Sartre, Simone de Beauvoir e outros intelectuais do grupo. Todavia, a publicação de *O Homem Revoltado*, o extenso ensaio onde, opondo-se ao historicismo mais estrito, impugnou a violência revolucionária e a primazia do coletivo sobre o individual, contrária à *doxa* comunista dominante, fê-lo cair em desgraça junto dos adeptos desta, sendo por isso atacado cruelmente por Sartre, a quem dedicou uma resposta.

O isolamento de Camus teve, porém, como contrapartida, uma atitude de bravura caraterística do intelectual público no seu «estado puro», continuando na contrariedade a pugnar pelas suas ideias e esforçando-se, apesar do cerco, por levá-las a um público de fiéis que continuou a manter e que como tal se manteve mesmo após a sua morte trágica em 1960. Judt considera, e procura mostrá-lo, que a intuição do humano, o ideal de honestidade pessoal e o intenso sentido de justiça demonstrados por Camus estavam realmente mais próximos de alguns intelectuais europeus cosmopolitas — como Arthur Koestler, Czesław Miłosz, Hannah Arendt ou George Orwell — do que da maioria dos seus colegas parisienses.

Foi, entretanto, Aron quem melhor deu corpo à tese de Judt que é central nesta obra, ao sublinhar a importância da responsabilidade política inerente ao próprio papel do intelectual público. Aron, académico, jornalista, ensaísta, polemista, opunha-se a Sartre desde os tempos em que haviam sido colegas na École Normale Supérieure, sem nunca deixarem de estar em campos opostos do mundo que a Guerra Fria dividiu, particularmente no que concerne à crítica do marxismo e das «religiões seculares» que lhe estavam associadas e que Aron rejeitava. Fazendo-o, ademais, num diálogo profundo com a obra de Marx — notório no monumental *L'Opium des Intelectuells*, publicado em 1955, onde tenta explicar a razão do fascínio de tantos intelectuais pelo marxismo — que poucos dos seus antagonistas, incluindo Sartre, conseguiram trazer ao debate. A sua importância para Judt foi tal que este chega a declarar a dada altura: «junto à pira funerária do radicalismo sartriano, uma nova geração de intelectuais franceses começou a erguer um monumento à razão aroniana» (TBR: 142).

Apesar da assumida simpatia de Judt por estes homens, *The Burden of Responsability* não deixa de ser um trabalho muito consistente, indispensável para compreender a história dos intelectuais em França e no mundo ocidental. Porém, como seria de esperar, a obra foi objeto de críticas demolidoras vindas naturalmente de setores que viam na sua crítica — e com toda a razão, pois era justamente isso que Aron pretendia — uma censura às suas próprias posições (Riley, 2011: 45). Outros, como Boym, sugerem que Judt estava afinal a transformar-se justamente no padrão de *intellectuel français* que criticava, propondo juízos que poderiam ser interpretados como absolutos e indicativos.

Em 2005 sairá *Pós-Guerra: Uma História da Europa desde 1945*, aquela que foi a mais prolixa — mais de 900 páginas na edição original em inglês — e, com toda a certeza, a mais vendida, a mais popular e a mais utilizada com regularidade por professores e estudantes das obras de Tony Judt. Foi nomeada para o Prémio Pulitzer de Não-Ficção em 2006 e ganhou também o Prémio do Livro Europeu de 2008, o ano em que o Parlamento Europeu começou a atribuir este galardão. Apesar das suas caraterísticas de grande síntese, possui uma percetível marca de autor, da qual o próprio historiador quis dar conta: «Há algo na história (...) que me atraía aos treze anos e que ainda me atrai», escreveu no posfácio à longa conversa, quase final, que manteve com Timothy

Snyder, juntando à pequena confissão que «quando por fim resolvi escrever uma história narrativa da minha própria época estava plenamente convencido de que essa era a única maneira de a compreender» (PSX: 394-5).

Concebido como um ensaio, o livro desenvolve-se de uma forma adequada a cinco dos grandes interesses do seu autor. Em primeiro lugar, a sua preocupação crescente com o passado singular, se bem que acentuadamente diverso e moldável, da Europa; em segundo, um claro interesse pela história muito recente, ou do tempo presente, orientando a cronologia das abordagens até acontecimentos ocorridos praticamente no momento da conclusão do livro; em terceiro, a importância que sempre atribuiu ao período que sucede imediatamente ao termo da Segunda Guerra Mundial, bem como à era da Guerra Fria que nesses anos foi aberta; em quarto, a crescente curiosidade pelos acontecimentos inesperados e muito perturbantes que se seguiram à queda do Muro de Berlim e ao abrupto e dramático fim da União Soviética, bem como pela incógnita que eles suscitaram em relação a um lado do continente cuja história tinha durante décadas permanecido largamente desconhecida; e, em quinto, um interesse pelos temas da memória dos povos que, no caso europeu, nem sempre equivaleu simetricamente à história das nações.

Pós-Guerra percorre o trajeto do continente desde o final da Segunda Guerra Mundial até à adesão dos países do antigo «bloco socialista» à União Europeia, consumada em 2004. Mais do que servir de manual de história, que também é, teve o objetivo mais ambicioso de pintar um fresco de todos os acontecimentos decisivos da história da Europa, tomada como um todo, ao longo dos últimos sessenta anos. Esta caraterística é reforçada pelo estilo narrativo utilizado na obra, fluído, mas muito vibrante, polvilhado de pequenas anedotas que são incomuns em obras do género, enfatizando a dimensão politicamente empenhada que a escrita de Judt sempre revela e que não se encontra em autores que procuram um discurso mais frio, mais distanciado, por este motivo presumido como mais objetivo e consistente. Organizada como uma sinopse, é ao mesmo tempo uma obra de erudição, que incorpora tanto a história dos Estados da Europa ocidental como a dos Estados do Leste, rompendo com o hábito, presente na larga maioria das histórias gerais, de reduzir o trajeto europeu ao papel desempenhado pelas unidades políticas maiores ou mais poderosas.

Judt fornece aqui, por exemplo, importantes desenvolvimentos sobre os países da Escandinávia ou do antigo Benelux, procurando superar, se bem que nem em todos os casos o tenha conseguido, as perceções mais estritamente nacionais que têm perdurado nas historiografias europeias. Engloba ainda uma multiplicidade de dimensões, sejam elas políticas, militares, sociais ou culturais, num exercício de história global ilustrada, por exemplo, com passagens sobre o cinema ou a música.

A pesada sombra da Segunda Guerra Mundial permanece como uma constante que atravessa todo o texto deste estudo, como um agreste toque de tambor que continua a ecoar mesmo depois de se extinguir. A descrição da Europa do imediato pós-guerra é, aliás, particularmente inovadora, e sem dúvida muito perturbante para os neófitos, nomeadamente, no que concerne aos desenvolvimentos ocorridos nos países da Europa oriental e na Alemanha, no que respeita à vida quotidiana das populações afetadas pelos combates, pelas iniciativas de vingança ou retaliação, ou pelas enormes deslocações em massa de perseguidos ou de refugiados.

Entretanto, segundo Tony Judt, os fios condutores sobre os quais continuou o seu curso a construção da Europa na época que se seguiu ao fim da guerra terão sido o trajeto do comunismo, o drama da *Shoah* — à qual o epílogo do livro é essencialmente consagrado — e a conturbada relação do continente com os Estados Unidos. A construção europeia, ou, mais propriamente, pan-europeia, apenas fará sentido como resultado da permanente interação desses fatores, embora, como não poderia deixar de acontecer, não tenha excluído outras dinâmicas mais conjunturais e um núcleo particularmente alargado de intérpretes e de figurantes.

Aquilo que importa salientar no contexto deste livro sobre Tony Judt enquanto historiador e, ao mesmo tempo, na condição de intelectual público, e do argumento aqui apresentado a propósito desta sintonia de interesses, não é tanto discutir os conteúdos de *Pós-Guerra*, e o desdobramento espacial que a obra nos faculta, e ao mesmo tempo as lacunas que inevitavelmente contém — será sempre possível, num trabalho desta natureza, anotar subvalorizações ou mesmo omissões (Portugal, mesmo a Espanha, ou a Grécia, por exemplo, quase são escondidos dos olhos do leitor) —, mas sim mostrar em que medida o historiador prossegue aqui a sua missão, ou a sua escolha, de utilizar a história como fator de conhecimento, sem dúvida, mas também como instrumento de emulação de um debate público sobre temas que estiveram, e que permanecem, no âmago dos destinos coletivos nos quais se encontram mergulhados os seus leitores. Encontrando-se estes também, como cidadãos destinatários, entre as preocupações maiores das quais a obra oferece testemunho.

É percetível um maior cuidado colocado na abordagem da história do antigo «bloco soviético», emergente da derrota da aventura nazi e da divisão da Europa que se lhe seguiu, sobre a qual efetua uma análise muito pormenorizada de escolhas partilhadas pelos diversos Estados, mas também de diferenças que nunca deixaram de existir. O capítulo «Into the Whirlwind», «No Turbilhão», título inspirado na *Viagem ao Turbilhão*, o doloroso relato memorialista de Eugenia Ginzburg, a antiga historiadora comunista, prisioneira do Gulag durante 18 anos na sequência dos Processos de Moscovo lançados por Estaline dentro do Partido Comunista da União Soviética e da administração do Estado, é modelar deste padrão de abordagem, ocupando-se das práticas mais negras do estalinismo, desde o monopólio do poder por parte do Estado-Partido até o descalabro completo, mas sempre maquilhado, da organização económica, passando pela vertigem expansionista de natureza colonial sobre territórios não russos e pelo enorme e agressivo polvo que constituíram os pesados e omnipresentes instrumentos de purga interna, censura e repressão.

O papel da religião tem também um lugar importante na obra, não só no que diz respeito à abordagem do judaísmo e da história dos judeus na relação com toda a história europeia a partir do pós-guerra, mas também no que respeita ao modo como é tratada a relevância da igreja católica, em particular durante o papado de João Paulo II, na rápida transformação política do continente a partir de 1989. Por sua vez, a história da cultura, frequentemente subvalorizada, quando não esquecida, em muitas histórias gerais, tem também um lugar de destaque no grande fresco proposto por Tony Judt.

É ainda de destacar o lugar nele atribuído à história na sua relação com a memória dos povos e as suas escolhas, para o processo de transformação política dos diferentes Estados. Pode ler-se no epílogo:

> Ao contrário da memória, que se confirma e consolida, a história contribui para o desencantamento do mundo. A maior parte daquilo que tem para oferecer é desagradável, podendo até causar perturbação, razão pela qual nem sempre é prudente usar o passado como um bastão moral destinado a punir um povo pelos seus erros do passado.

Tal aconteceu de uma forma transversal, e não apenas nas sociedades sujeitas a regimes centralistas e autoritários. Considera, no entanto, que o silêncio ou a omissão dos diversos passados, mesmo os mais próximos, é inaceitável e perigoso, pois «a história bárbara recente da Europa, o sombrio "outro" contra o qual a Europa do pós-guerra foi cuidadosamente construída, foi profundamente alterada para os europeus mais jovens» (PG: 929), que cada vez mais a desconhecem.

Saído em 2008, o livro seguinte, *Reappraisals, Reexames* — com o subtítulo *Essays on America, Israel and the world since 9/11*, entre nós, *O Século xx Esquecido. Lugares e Memórias* — abandonou a escala macroscópica do precedente e representa um regresso a alguns dos interesses anteriores, aqueles que mais diretamente o iam relacionando, em termos de empatia ou de rejeição, com figuras e trajetos mais próprios do seu universo intelectual. Na realidade, trata-se de uma compilação de 23 ensaios publicados ao longo dos doze anos anteriores em periódicos como o israelita *Ha'Aretz*, a *The London Review of Books*, ou as norte-americanas *The Nation, The New Republic* e *The New York Review of Books*, à qual foi associada uma introdução e uma conclusão. Esses ensaios cobrem um vasto leque de temas, desde revisitações de grandes nomes do pensamento e da literatura do século xx — como Arthur Koestler, Albert Camus, Hannah Arendt, Primo Levi, e outros, alguns já aqui mencionados — até reflexões sobre temas do presente particularmente perturbantes, como o lugar de Israel e da Palestina, o poder unipolar que após o fim da União Soviética passou a ser detido pelos Estados Unidos ou o futuro do Estado na era pós--Guerra Fria, quando o regresso do sistema bipolar, hoje aparentemente verificado, ainda não se colocava.

Há também um ensaio sobre a influência política de Tony Blair e daquilo a que Judt chama «a sua inautenticidade».

Sem esquecer a diversidade temática, podem, no entanto, destacar-se do conjunto duas preocupações principais, para as quais Judt chama a atenção logo na introdução. Elas são muito importantes para aquele que tem vindo a ser enunciado como o argumento central deste estudo: a compreensão do papel de Tony Judt na redenção de um certo padrão de ignomínia que caiu sobre o intelectual público, e, ao mesmo tempo, a perceção dos perigos trazidos pelo processo de esquecimento do passado, atualmente em curso e que Judt ainda teve oportunidade de vislumbrar, sublinhando a importância da história no combate que é preciso travar para o fazer recuar.

A primeira dessas preocupações relaciona-se com o interesse por aquilo a que chama «o desaparecimento do intelectual», o indivíduo empenhado, culto, inteligente, geralmente poliglota, que, como se viu noutro capítulo, foi um produto típico da primeira metade do século passado, funcionando como a consciência crítica, como tal amplamente reconhecida, dessa época. Judt argumenta, com uma visível marca de deceção e amargura, que os intelectuais, entretanto, haviam abdicado do papel que desempenhavam e do lugar que detinham, passando a aceitar ou a mimetizar os discursos dos políticos profissionais, ou simplesmente saindo de palco.

Como já aqui foi recordado, Julien Benda escreveu algo idêntico muitos anos antes, em *La Trahison des Clercs*, de 1927, se bem que a posição de Judt seja menos trágica do que a dele, ao aceitar a existência de quem ainda se esforce por contrariar tal tendência, sendo o próprio historiador, aliás, um exemplo da sobrevivência desse esforço. Destaca, a propósito, a importância desse papel crucial, associado a uma exemplaridade que vem do passado:

> Nos Estados onde a oposição e a crítica públicas eram (são) reprimidas, o intelectual assumia *de facto* o papel de porta-voz do interesse público e do povo, contra a autoridade e o Estado», anotando que «mesmo nas sociedades abertas, o intelectual do século XX adquiriu um certo estatuto público, beneficiando não só do direito à liberdade de expressão, mas também da literacia quase universal das sociedades avançadas, que lhe asseguravam um público». (OSX: 24)

Ao constatar a forma como «os analistas de hoje tendem a menosprezar as "guerras culturais" ideológicas do século XX, e os desafios doutrinários e contradoutrinários, como um capítulo encerrado» (OSX: 27), destaca precisamente a necessidade de conhecer os seus contornos e os seus protagonistas, como forma de reconsideração do valor das ideias e das representações do passado próximo para a compreensão do mundo a partir do presente.

A segunda preocupação evidenciada por Judt neste livro é o esquecimento do passado. Judt mostra-se preocupado pelo facto de termos mergulhado num tempo no qual o desejo coletivo de viver o presente e de projetar o futuro se encontrar a decorrer num processo de corte com o passado. Aparte a reconhecida existência de um interesse pela memorialização e pelos «lugares da memória» dos quais falava Pierre Nora, cuja função é tão social quanto histórica, argumenta que o verdadeiro conhecimento da história está a descer até níveis dramaticamente perigosos. Dá como exemplo a tendência dos políticos ocidentais para atuarem nas questões do Médio Oriente na completa ignorância de culturas e de uma história tão diferentes daquelas que a Europa e as Américas reconhecem. O medo do terrorismo, alega, é típico de uma posição a-histórica, quando contextualizam a sua emergência sem recorrer a um histórico longo e complexo. Judt visa em particular os intelectuais neoconservadores norte-americanos «apoiantes da catastrófica política externa do Presidente Bush» (OSX: 395), que desenvolveram a teoria do «islamofascismo», musculada e legitimadora de uma intervenção puramente militar, sem ter em linha de conta uma realidade única, vinculada a uma tradição completamente diversa da europeia.

No final do livro regressa, aliás, a reflexões politicamente muito pouco «americanas», na medida em que aí aborda questões muito sensíveis para europeus como ele, que frequentes vezes são desconsideradas do outro lado do Atlântico. Refere-se assim à importância da dimensão espiritual da cultura europeia, por comparação com algumas das realidades e práticas com as quais se deparou nos Estados Unidos, e também à valorização da «questão social», naquelas paragens, também tantas vezes desconsiderada ou mesmo esquecida. Sendo uma «questão», como diz, que após as reformas sociais do pós-guerra, «instituídas em grande parte como uma barreira ao regresso do desespero e do descontentamento», estava agora de regresso. E pelas piores razões. Lembra então que esta «se não for tratada, não desaparece», partindo as sociedades que a vivem «à procura de respostas radicais» (OSX: 437).

Algo de muito grave e irreversível aconteceu, entretanto, na vida de Tony Judt. Foi por esta altura, em 2008, que lhe foi diagnosticada uma situação de esclerose lateral amiotrófica, também conhecida como doença de Lou Gehrig, nome de um conhecido jogador norte-americano de futebol que a contraíra e dela viria a morrer. Trata-se de uma doença neurodegenerativa progressiva e fatal, caraterizada pelo definhamento dos neurónios motores, as células do sistema nervoso central que controlam os movimentos voluntários dos músculos, se bem que a sensibilidade e a consciência do doente se mantenham inteiramente preservadas e não exista sinal de dor. A doença progrediu muito rapidamente e a partir de outubro de 2009 Judt ficou tetraplégico, inteiramente paralisado do pescoço para baixo. Mesmo assim, ainda foi capaz, e teve a coragem suficiente para o conseguir fazer, de nessas condições continuar durante alguns meses a assegurar palestras públicas de cerca de duas horas. Em janeiro de 2010 escreveria «Noite», um artigo sobre a sua condição, a primeira de uma série de memórias publicadas no *New York Review of Books*, reunidas, como já foi referido e se verá com pormenor mais à frente, em *O Chalet da Memória*.

Judt morreria na sua casa de família em Manhattan, a 6 de agosto de 2010. Poucas semanas antes havia concedido ao jornalista Peter Jukes a já aqui mencionada entrevista retrospetiva publicada na *Prospect Magazine*, que constitui um documento importante que permite compreender um pouco melhor, com o apoio da sua própria voz, o seu percurso, as suas escolhas e o trabalho que foi desenvolvendo, sempre em permanente conexão com o que aí chamou «a minha escala de esperanças» (Jukes, 2010).

Prosseguiu entretanto o seu trabalho como intelectual público praticamente até ao dia da morte, continuando a escrever ensaios para o *New York Review of Books*, publicando dois livros, quase integralmente ditados devido à incapacidade física imposta pela doença, e deixando praticamente completa uma síntese da sua história intelectual, o já mencionado *Pensar o Século XX*, apresentado sob a forma de entrevista com o seu colega historiador de Yale, especialista em história da Europa oriental, Timothy Snyder, publicado cerca de dois anos depois.

A primeira das duas obras desta fase final da sua vida foi *Ill Fares the Land*, que, na versão portuguesa, recebeu como título *Um Tratado sobre os Nossos Actuais Descontentamentos*. Logo nos agradecimentos iniciais refere-se à vida que viveu com os seus dois filhos e à sua relação com eles, bem como à forma como esta lhe permitiu perceber um problema real, que talvez de outro modo lhe pudesse ter escapado: «Foi graças às nossas conversas à mesa do jantar que pela primeira vez consegui apreciar plenamente o quanto os jovens de hoje se preocupam com o mundo que lhes legámos, e quão insuficientes são os recursos com que os dotámos para melhorá-lo» (TSN: 15). Num texto sobre o livro, que publicaria em abril de 2010 na *New York Review of Books*, afirmaria expressamente que o escreveu «para os jovens dos dois lados do Atlântico». Uma observação dos grandes temas abordados neste livro permite-nos compreender a sua intenção pedagógica e a forma como, ao longo da vida pessoal, de uma forma ou de outra, procurou sempre cumpri-la.

Judt parte aqui de uma perceção para si ao mesmo tempo clara e dramática: muitos dos problemas do nosso tempo, das escolhas e das relações de força que o dominam são relativamente novos e estranhos para a maioria das pessoas da sua geração, mas para muitos dos mais jovens de hoje já foram naturalizados, incorporados como factos inevitáveis, por vezes aceites como se tivessem existido desde sempre. Entre eles, «a obsessão pela criação de riqueza, o culto da privatização e do setor privado, as crescentes disparidades entre ricos e pobres, (...) a admiração acrítica dos mercados sem entraves, o desdém pelo sector público, a ilusão do crescimento ilimitado» (TSN: 18). Porém, viajando um pouco no tempo, até aos anos 60, sabemos que essa consideração da procura do bem-estar material e do prestígio social como uma inevitabilidade jamais foi aceite por uma boa parte dos que integraram a geração dos seus pais. Pelo menos nas sociedades industrializadas e nas regiões que lhes eram periféricas, a maioria encarava o mundo e o futuro sobretudo numa dimensão de esperança e otimismo, ainda que mais tarde pudesse vir a rejeitá-la.

Este corte na memória preocupou particularmente Judt. Sem conceber a possibilidade de um regresso ao passado, considera vital um diálogo intergeracional que passe pela transmissão-testemunho da experiência histórica, com as suas conquistas e os seus inúmeros erros, que um dia tornou plausível considerar o lugar do aparentemente impossível no território do combate social. Para os jovens «de hoje», como diz, há, sem dúvida, «imenso com que estar zangado: desigualdades crescentes de riqueza e oportunidade; injustiças de classe e casta; exploração económica interna e no estrangeiro; corrupção, dinheiro e privilégio a obstruírem as artérias da democracia». Porém, insiste, «já não bastará identificar os defeitos do "sistema" e bater em retirada, ao género de Pilatos» (TSN: 23). Para uma «era de insegurança», na qual «toda a mudança é perturbadora», propõe uma reflexão, em larga medida assente no conhecimento histórico, através da qual seja possível aos leitores, em particular a esses jovens leitores aos quais em especial se dirige, construir os meios para fazer um diagnóstico e, eventualmente, se não ensaiar uma cura, pelo menos experimentar vias de compreensão e ação que permitam pensar a possibilidade de ela existir.

Fá-lo em cerca de duas centenas de páginas ao longo dos quais começa por observar «a vida que agora temos», o mundo tal como ele se apresentava na primeira década do século XXI, relacionando-o, retrospetivamente, com «o mundo que perdemos», aquele que, entre o pós-guerra e a década de 1970, fora essencialmente o da sua infância e juventude. Em «A insustentável leveza da política», desenvolve, a partir do processo de estabilização que se seguiu ao fim dos anos 60, uma abordagem comparativa do deve e do haver que é possível contabilizar entre os dois tempos, que coloca em contraste. Trata também o tempo de metamorfose, «Adeus a tudo isso?», que permitiu, a partir da grande viragem que representaram a queda do Muro de Berlim e a dissolução da União Soviética, a passagem de uma outra fase, pautada pela ideia de que «doravante o mundo pertencia ao capitalismo liberal — não havia alternativa — e marcharíamos todos em harmonia, rumo a um futuro moldado pela paz, democracia e mercado livre» (TSN: 135).

Tony Judt ensaia ainda, no capítulo «Que fazer?», uma tentativa de compreensão do trabalho coletivo a realizar para que se torne possível ultrapassar um presente bloqueado, em larga medida devido a um conformismo instalado, associado à ideia, no seu entender uma fonte de bloqueio, de acordo com a qual «a vida na comunidade é muito mais fácil onde todos parecem concordar com toda a gente, e onde a divergência é refreada pelas convenções do compromisso» (TSN: 152). Em «A forma que se avizinha», segue então alguns processos específicos de mudança e de alteração de paradigma, cujos sinais, num esforço no qual se emancipa de alguma forma do padrão do historiador que em regra apenas observa o passado, para, indo mais além, traçar um panorama pouco animador do modelo de sociedade una e opressora, assente na expansão dos processo de globalização económica e de recuo do papel do Estado, que será a do futuro próximo da humanidade, se contra a sua imposição não se congregarem forças e não forem pensados e preparados processos alternativos, capazes de devolveram a esperança de uma vida assente na liberdade, na prosperidade, na solidariedade e na democracia. Na conclusão do volume, projetada sobre a vida, a morte aparente e as hipóteses de remissão da social-democracia, enquanto instrumento ou solução para superar o impasse, remata com uma marca simultânea de nostalgia e utopia. A esta regressar-se-á no próximo e último capítulo. Na entrevista sobre *Ill Fares the Land* concedida a Christine Smallwood para a *The Nation*, considera-o como:

> um livro para quem se preocupa com o universo coletivo no qual habitamos e que construímos para nós próprios, goste-se ou não disso. Não se trata de uma obra escrita para encontrar ou propor uma solução definitiva para qualquer conjunto de problemas. Leiam-no e, se quiserem, façam o contrário. É um livro deliberadamente escrito para inquirir sobre aquilo que está mal, como podemos nós falar desses assuntos, e de que forma podemos pensar em corrigir aquilo que for possível corrigir. (Smallwood, 2010)

Já a segunda obra mencionada entre os derradeiros escritos de Judt, o aqui por várias vezes citado *O Chalet da Memória*, tem caraterísticas muito particulares, não só atendendo ao contexto dramático da sua conceção e da sua escrita, mas devido a assumir um registo claramente autobiográfico e a fazê-lo, em função da incapacidade física determinada pela doença, essencialmente com recurso a um trabalho de memória. No capítulo «Noite», Judt explica o processo utilizado: «graças à minha incapacidade para tomar notas ou prepará-las, a minha memória, já de si bastante boa, melhorou consideravelmente» (OCM: 28), o que foi conseguido com a ajuda de técnicas adaptadas do «palácio da memória» descrito por Jonathan Spence em *The Memory of Matteo Ricci*, a narrativa da viagem de um italiano pela China medieval construída a partir de artifícios mnemónicos. Deitado na cama, mas com grande dificuldade em dormir, em longas noites de introspeção, Judt foi-se dedicando a recuperar memórias dispersas, que separava e ordenava mentalmente por temas numa sucessão de experiências de um passado pessoal intensamente vivido, como se cada uma destas constituísse uma das divisões do *chalet* que na infância habitara com os pais durante umas curtas férias de inverno na Suíça.

Essas memórias encaminharam-no em três grandes direções, que, ainda antes de decidir torná-las públicas, definiam já cada uma das partes que compõem o volume. A primeira corresponde à experiência da sua vida em Inglaterra, a uma infância e adolescência passadas numa época de enormes dificuldades para a larga maioria da população, tempo de transição que decorreu durante o período de recuperação e reconstrução que se seguiu ao termo da Segunda Guerra Mundial. Nela testemunhou um conjunto de vivências de natureza pessoal, mas que, na condição de historiador, tem uma notável capacidade para expor e articular de um modo objetivo e coerente. A segunda parte diz respeito à sua vida de jovem aluno universitário no King's College, em Cambridge, à sua atividade como militante sionista de esquerda, que o conduziu à experiência do *kibbutz*, e depois como estudante na École Normale Supérieure, em Paris. Por último, na terceira parte, recupera a sua partida para os Estados Unidos e a forma como viveu a nova experiência e o inevitável choque cultural, experimentando ainda a reformulação do próprio relacionamento social e familiar que lhe esteve associado.

O *Chalet da Memória* tem poucas semelhanças com os livros de história que o precederam, se bem que algumas das preocupações que nele revela também se encontrassem presentes no *Tratado*, nomeadamente aquelas que apresentam um teor mais marcadamente político. Ao mesmo tempo, constitui uma experiência, condicionada pelas circunstâncias, de certo modo incomum no trabalho dos historiadores. Sem a possibilidade de recorrer a citações, estatísticas ou interpretações já produzidas, desenvolveu um processo de «representação visual da identidade coletiva» (OCM: 16), assim lhe chama, através do qual recuperou imagens — os táxis pretos de Londres, a cor dos uniformes dos estudantes e dos carteiros, fragmentos dispersos da paisagem urbana através do percurso da Linha Verde do autocarro, retratos das consequências do clima observados de cima de uma bicicleta, por exemplo — às quais de outro modo, muito provavelmente, jamais teria regressado e tido a oportunidade de referir. Evoca também aspetos geralmente omissos e que só o testemunho pessoal permite recuperar, como o que conta a propósito do amor do seu pai pelos carros franceses — por razões políticas preferia os Citroën, pois os fundadores da Renault haviam colaborado com os nazis, enquanto achava que a Peugeot era ainda, tal como começara, «mais conhecida pelas bicicletas» —, a comida que era consumida habitualmente numa família de classe média-baixa e de origem judia na Inglaterra do seu tempo, os métodos utilizados pelos professores do ensino médio na pedagogia das línguas, ou a novidade que era o acesso quase generalizado ao ensino médio que a legislação trabalhista do pós-guerra havia possibilitado pela primeira vez.

Este processo mnemónico imposto a Judt pelas circunstâncias acabou, desta forma, por lhe permitir uma recuperação de informação e de pormenores, de pequenas nuances do passado, que, no processo habitual de recuperação a partir das fontes, a generalidade das pessoas e dos historiadores tem uma enorme dificuldade em obter ou não tem tempo para considerar, não tentando sequer fazê-lo. É essa excecionalidade que torna único *O Chalet da Memória*.

Por fim, *Pensar o Século XX*, o livro póstumo já aqui muito referido, composto por uma longa conversa distribuída por várias sessões realizadas ao longo de quase dois anos e transcritas ainda com a supervisão de Judt, tida então com o jovem historiador norte-americano Timothy Snyder, cada vez mais essencialmente interessado em história da Europa Central e do Leste. Ambos eram profissionais da história, ambos estavam também visivelmente atormentados pelas mesmas perguntas, para as quais tinham a consciência de que dispunham de um tempo muito breve para obter em conjunto algumas respostas.

A obra tem uma dimensão assumidamente híbrida. Constitui em parte uma autobiografia, mas é também uma cascata torrencial de ideias e de perplexidades, assim como uma crítica à forma como presentemente vivemos, aprendemos e triunfamos. É, de certa maneira, um livro difícil, no qual, mais do que em qualquer outro, se revela, num registo por vezes quase errático, a enorme erudição e a extensa amplitude de interesses de Judt, bem como a sua propensão para lutar por causas impopulares ou para se interessar por assuntos fora de moda, representando-se a si próprio como um eterno *outsider*. É assim que se discorre criticamente sobre a política externa de Israel, se criticam determinadas derivas antigas ou recentes do marxismo (embora Judt se tenha considerado sempre de algum modo como «marxizante»), se questionam os caminhos tomados pela Europa de Leste depois de 1989, se abordam as vertigens do neoliberalismo, se fala da «americanização do Holocausto» e se refere sempre a necessidade dramática e intemporal de conhecer a História. Referindo ao mesmo tempo a importância de figuras tão diversas como Matthew Arnold, Stefan Zweig, Hobsbawm, Keynes e muitos outros.

Uma boa parte da conversa funciona também como uma digressão pelos interesses, pela biografia e pelos escritos do próprio Tony Judt, sendo ainda usada como espaço para refletir sobre a metodologia da história, em particular aquela que versa sobre acontecimentos que decorreram durante o tempo de vida de quem a escreve e aquela que em dados momentos seguiu. Escreve aí, e desta vez a citação é necessariamente longa:

> Tendo nascido em 1948, sou na prática contemporâneo da história sobre a qual escrevi nos últimos anos. Observei em primeira mão pelo menos alguns dos acontecimentos mais interessantes do último meio século. Isso não garante uma perspetiva objetiva ou sequer informação mais fiável; contudo, facilita uma certa frescura na abordagem. Estar presente encoraja um grau de envolvimento que falta ao estudioso desprendido: acho que é isso que as pessoas querem dizer quando descrevem a minha escrita como «convicta». (PSX: 393)

Um novo volume será ainda publicado no início de 2015, cinco anos depois da sua morte: *Quando os Factos Mudam*, volume no qual foram reunidos mais alguns ensaios e curtos textos que tinham permanecido dispersos. O título da obra constitui parte de uma frase de John Maynard Keynes que continua da seguinte forma: *«I change my mind. What do you do sir?»* No seu todo, a frase pode parecer uma expressão de arrogância, nada conforme com o padrão de comportamento de Tony Judt — que, recorde-se, já não foi responsável pela compilação e pela sua edição —, mas adequa-se na perfeição à ideia central que preside a esta reunião de ensaios. Todos eles estão associados, de uma forma explícita ou indireta, a áreas temáticas nas quais as posições de Judt ao longo da vida permaneceram, no essencial, idênticas, e em relação às quais, também por esse motivo, precisou de travar alguns combates. Na introdução, escrita por Jennifer Homans, a sua mulher, surge uma referência a este caminho: «Com as mudanças nos factos e o desenrolar dos acontecimentos, o Tony viu-se infelizmente, e cada vez mais contra a corrente, lutando com todo o seu poderio intelectual para mudar, nem que fosse ligeiramente, o rumo do barco das ideias» (QFM: 13).

Assim se vai discorrendo ali sobre temas em relação aos quais ocorreu, de facto, em Judt, uma gradual metamorfose, como acontece em relação ao sionismo, à história de Israel, ao marxismo, ao comunismo, à social-democracia, à ideia de Europa e também às transformações no próprio processo de adequação a diferentes condições da atividade dos intelectuais. Para ele, como se viu já mas valerá a pena insistir, sempre e imprescindivelmente públicos e, como tal, associados a um grau elevado de responsabilização política.

Ao longo de toda a coletânea, é possível reencontrar alguns daqueles autores pelos quais se interessou e sobre os quais escrevera já noutras publicações, por vezes associados a expressões de afinidade ou, caso elas não tenham existido, pelo menos abordados com uma atenção criteriosa da sua parte, como aconteceu com Kafka, Blum, Tomász Masaryk, Keynes, Hayek, Koestler, Orwell, Sartre, Beauvoir, Camus, Arendt, Aron, Mircea Eliade, Emil Cioran, Stefan Zweig, Furet, Eric Hobsbawm ou Czeslaw Milosz, entre muitos outros. Mas foi incorporando também bastantes referências, historicamente ancoradas, a personalidades, autores ou políticos muito presentes dentro do seu horizonte visual e da sua cronologia de interesses, embora em alguns casos nem sempre pelas melhores razões, como aconteceu com Marx, Lenine, Trotski, Rosa Luxemburgo, Estaline, Hitler, Mussolini, Churchill, Thatcher, Reagan, Gorbatchov ou Václav Havel. Esta compilação de artigos, apesar de póstuma, não recupera escritos dispersos, menores, que tenham sobrado de outros projetos. Pelo contrário, encontra o seu autor na melhor forma a evidenciar em pleno a pluralidade dos seus interesses e a intenção, nele uma constante, de se servir da história como instrumento da perceção do mundo, procurando evitar que este seja observado e vivido ingenuamente, sem passado reconhecível, como se tudo estivesse a acontecer pela primeira vez.

Em todos os livros que escreveu, os de história considerada «pura» ou os de ensaio crítico, como nas centenas de artigos de opinião que foi publicando a partir do seu lugar de historiador, professor e colunista, Judt foi abordando assuntos associados a preocupações centrais que foram as suas e as do seu tempo, cruzadas nessa abordagem singular, mas socialmente envolvida, que é sempre a do intelectual público. Em alguns casos, insistindo em interesses que o mobilizaram de uma forma recorrente; noutros, assumindo escolhas ou leituras nada consensuais, não sendo esta condição, porém, motivo para que fossem excluídas do seu horizonte de comunicação. É destes interesses, escolhas e leituras que se ocupará agora o último capítulo.

5.

TEMAS E CONTROVÉRSIAS

O reconhecimento da obra de Tony Judt, aquela que contém uma dimensão mais objetivamente historiográfica ou a que se situa em domínios nos quais o historiador recorreu à formação no seu campo disciplinar para desenvolver pontos de vista com um envolvimento público ou com uma intenção assumidamente política, mostra-o, como aqui se foi vendo, sempre inscrito num processo de diálogo crítico, por vezes de controvérsia, com diversos agentes e segmentos de realidades passadas e presentes. Um padrão de diálogo que não é, como se viu, muito comum ver abordado no domínio profissional por boa parte da comunidade internacional dos historiadores, não correspondendo sequer, para uma parte do público interessado no conhecimento do passado, às suas expectativas sempre que adquire e lê, sem antes ter recorrido aos comentários da crítica, um livro que num primeiro olhar poderá ser tomado como um livro de história «pura», de uma natureza mais factualista ou supostamente assética. Como tem sido visto ao longo deste estudo, o conhecimento e a análise do passado acompanharam sempre o interesse de Judt por temas e por problemas contemporâneos daquela que era a realidade dos tempos que sucessivamente foi vivendo e que nela estavam profundamente embutidos. Foram estes assuntos a fazer sair frequentes vezes da segurança do gabinete de trabalho, do arquivo, da biblioteca ou mesmo do espaço geralmente sem contraditório dos anfiteatros e das salas de aula, para mergulhar na dimensão de um real próximo e instável ao qual jamais se mostrou indiferente.

Lendo aquilo que foi escrevendo com esse horizonte diante de si, pode encontrar-se uma diversidade de assuntos que o preocuparam e que, insista-se, jamais abordou num registo de indiferença ou de mera enumeração. É possível acompanhá-lo aqui nesses assuntos que foram os essenciais, ou pelo menos alguns dos mais presentes em toda a obra, os mais pormenorizadamente abordados e, nas condições da sua atuação como intelectual público, em alguns casos também aqueles mais suscetíveis de o envolverem em algumas controvérsias.

Destacando apenas os que foram os principais, ou os mais constantes, podem encontrar-se nos trabalhos de Tony Judt cinco grandes temas mais recorrentemente abordados e com forte repercussão política na comunidade dos seus leitores, colegas e críticos. São eles, em primeiro lugar, o papel central da Europa como território possuidor de uma unidade e de uma autonomia que a transitoriedade das sucessivas circunstâncias da História pareceu acentuar e tornar, afinal, mais móveis, frágeis e fugazes do que por vezes se crê ou afirma; em segundo lugar, a reapreciação da história vivida do socialismo, sobretudo aquela que teve lugar em França, mas projetada também muito para além das suas fronteiras; em terceiro, as vias da social-democracia no passado e no presente, e também, de algum modo, aquelas que podem ser pensadas sob uma perspetiva de futuro; em quarto lugar, o interesse pelo lugar e pelo papel dos proscritos, muito em particular os que se ergueram contra as grandes experiências centralistas, concentracionárias e autoritárias, ou «totalitárias» — usando-se aqui o conceito no sentido polissémico e problemático discutido por Enzo Traverso, que amplia aquele outro proposto no estudo clássico de Arendt (Traverso, 1998) —, vividas durante o século XX, e, mais em particular ainda, aqueles que no território da cultura povoaram o universo dissidente do movimento comunista e das suas experiências de poder; e em quinto lugar, o papel do sionismo, do Estado de Israel, do horror da *Shoah*, e ainda da sua própria condição de descendente de judeus, na relação com a vida que viveu e sobretudo com os problemas do seu tempo.

Em «O mundo que perdemos», o prefácio que escreveu para *O Século XX Esquecido*, Judt enfatizou, de uma forma que pode parecer dramática mas lhe surgiu como uma evidência, que o século em que nasceu está «a caminho de se tornar um palácio da memória moral», arquitetado como uma Câmara de Horrores Históricos pedagogicamente proveitosa, cujas estações de passagem possuem placas indicativas como «Munique» ou «Pearl Harbour», «Auschwitz» ou «Gulag», «Arménia» ou «Bósnia», ou ainda «Ruanda», ou mesmo «11/9», sinais materiais sangrentos que ofuscam ainda quem deles recolhe o reflexo, deixando no entanto de lado as lições da história, entretanto esquecidas ou que jamais foram sequer aprendidas. Ao afirmar esta ideia, Judt sublinhou a realidade de um problema relacionado com a quebra do vínculo com o passado ainda próximo, associada à perceção de uma mensagem errada: a de que «agora tudo *aquilo* está para trás, o seu significado é claro, e já podemos avançar — aliviados dos erros passados — para uma era diferente e melhor» (OSX: 15–16). Uma perceção errada, ampliada pela rapidez do fluxo comunicacional, pela disseminação da ignorância ou pela volatilidade da memória e pela evanescência da história, de que *o que passou, passou*, ficou algures muito para trás, pouco tendo que ver com o presente que nos cabe agora viver. Judt não considera nada positiva, ou sequer aceitável, a instalação desta amnésia e deste otimismo desmemoriado e sem sentido, revoltando-se constantemente contra ela.

O primeiro dos interesses dessa natureza que coloca no centro do seu trabalho é a identidade da Europa, associada à construção e à projeção do seu lugar no mundo. Em *Uma Grande Ilusão?*, o já mencionado pequeno livro de 1996 — o momento da publicação preciso é aqui muito importante —, que possui como subtítulo «Um ensaio sobre a Europa», afirmou, contrariando a tendência otimista e eufórica que era dominante na altura, quando a União Europeia parecia ter na mão a construção de um futuro próspero e de colaboração entre os seus Estados-membros, que «uma Europa verdadeiramente unida é suficientemente improvável, ao ponto de ser pouco sensato e contraproducente insistir nessa ideia» (UGI: 10).

Na altura, Judt considerava-se, pois, inteiramente a contracorrente, um «europessimista», fundando esta atitude justamente na perceção, apoiada num olhar de longa duração sobre o passado, de que a ideia de uma construção efetiva da unidade europeia, longe de ter a tonalidade «cor-de-rosa» usada então a todo o instante pelos responsáveis políticos dos Estados que a integravam ou pretendiam vir a fazê-lo, era, de facto, bastante frágil e problemática. Falava então, por isso, de uma Europa que «não é tanto um lugar, mas uma ideia», muito mais de uma «Europa do espírito», vinculada aos direitos humanos, à livre circulação das ideias, dos bens e das pessoas, de uma cooperação e de uma unidade aparentemente cada vez maiores, mas que, de facto, surgia como uma «Europa hiper-real», bem mais europeia do que o era o próprio continente, na materialidade dos factos e das situações. Afinal, um belo devaneio que o passado a todo o instante se encarregara ou iria em breve encarregar de pôr em causa.

Anota, ainda neste ensaio, escrito contra a tendência dominante na altura em que foi editado: «Se quisermos perceber as fontes (...), as limitações e quiçá os riscos desta "Europa" agora exibida perante nós como guia e promessa, teremos de retroceder até um momento no passado recente, quando as perspetivas de qualquer tipo de Europa se afiguravam especialmente sombrias» (UGI: 16). Esse momento é o imediato pós-Segunda Guerra Mundial, quando, de um continente exangue, recém-saído do imenso conflito que o destruíra e tanto traumatizara, as perspetivas de futuro pareciam tudo menos promissoras e em condições de suscitar qualquer entusiasmo. Sobre as cinzas ainda mornas e uma paisagem geral de destruição e pobreza, sucederam-se os primeiros esforços, inevitavelmente desconexos e erráticos, para reconstruir as economias e repor as condições mínimas de sobrevivência das populações.

Esse era um tempo no qual, sobre uma paisagem de efetiva paz entre os Estados, permaneciam rivalidades que opunham dramaticamente os seus governos, gravíssimos conflitos étnicos, movimentações imensas de massas de refugiados sem norte ou previsível futuro, terríveis campos de internamento para deslocados, uma violência endémica associada à vingança ou a uma criminalidade que não havia forma de controlar. Num livro muito impressionante e inundado de informação inédita sobre esse território de desespero, que ainda continua a permanecer pouco conhecido do grande público — o autor declara, aliás, ser sua intenção «abrir caminho através do labirinto de mitos difundidos sobre os anos que se seguiram à guerra» (Lowe, 2013: 21) —, o historiador e escritor britânico Keith Lowe apelidou a Europa desses anos de «continente selvagem», mergulhado no caos, na violência, no trauma, na miséria material e humana, no desespero e na quase completa ausência de lei.

Perante este cenário, esboçaram-se também, como era forçoso acontecer, tentativas de solução, embora nos primeiros tempos, na maioria das vezes, elas tivessem sido de uma natureza casuística e apenas mitigadora. Judt lembra, por exemplo, que a Comunidade Europeia do Carvão e do Aço, a primeira entidade europeia que começou a emergir neste período, fundada em 1952 pela iniciativa de Robert Schumann e de Jean Monet, e antecessora da CEE, criada em 1957 com o primeiro Tratado de Roma, «não estava prevista, nem era previsível» (UGI: 28). Dá então conta de quatro aspetos, a seu ver decisivos para a fundação da moderna Europa, que por essa altura teve lugar.

O primeiro aspeto foi o impacto material da própria guerra, impondo, em cenário de catástrofe, a necessidade absoluta de um recomeço; o segundo foi a Guerra Fria, que de algum modo facilitou a gradual reorganização, devido à divisão espacial dos dois grandes modelos económicos e políticos sobreviventes; o terceiro foi a desastrosa história da economia europeia até ao início da guerra, que conferia agora uma dinâmica particularmente poderosa e inovadora ao menor sinal de reorganização e crescimento, por apenas razoável que ele pudesse ser; e o quarto foi a «revolução agrária», mais técnica do que social, em condições de possibilitar um enorme aumento da produtividade dos campos, de suscitar novas dinâmicas e de produzir uma elevação geral dos níveis de subsistência e consumo. Junta-lhes Judt outros três, não menos decisivos, mas mais conjunturais, que ajudaram também a Europa a erguer-se do chão: o financiamento em larga escala possibilitado pelo Plano Marshall, a importação de mão de obra dócil e barata — vinda principalmente das colónias britânicas, francesas e holandesas, da Europa mediterrânica e, no caso italiano, da periferia meridional, à qual se devem juntar os milhões de refugiados que o conflito legou — e a exploração de quantidades colossais de carvão, como se sabe um combustível importante para o dinamismo energético e uma imprescindível componente para o desenvolvimento da indústria do aço. Como enfatiza a dado momento, «para o bem e para o mal, as circunstâncias do pós-guerra que deram origem à prosperidade da Europa ocidental foram únicas», acrescentando, porém, em forma de aviso previdente, que essas circunstâncias não se repetirão e «nunca mais ninguém terá tal sorte» (UGI: 43).

Tony Judt destaca ainda uma caraterística à qual regressará em trabalhos posteriores: ao contrário do que algumas vezes foi dito no passado, a divisão histórica do continente europeu em duas metades, separadas por uma linha vertical, fora muito anterior ao período da Guerra Fria, tendo raízes num passado muito recuado, e mantendo-se até, sob vários aspetos, mais firme e consistente do que aquela que foi mais habitualmente atribuída à separação «civilizacional» entre o norte do Báltico e do Mar do Norte e um sul que conflui no Mediterrâneo. Por isso, o que a «cortina de ferro» veio dividir, seguindo a conhecida alegoria proposta por Winston Churchill num discurso radiofónico de março de 1946, já há muitos e longos anos se encontrava separado sob um grande número de aspetos de natureza política, histórica, económica, social, étnica, religiosa ou cultural.

Em *Pós-Guerra*, o seu trabalho inteiramente dedicado à história da Europa a partir de 1945, publicado quando se comemorou o 60.º aniversário do fim do segundo grande conflito mundial, Judt retomou e ampliou consideravelmente as linhas de força acima destacadas, embora o tivesse feito numa altura em que o seu «europessimismo» vinha deixando de ser uma originalidade e começara a ser cada vez mais partilhado por intelectuais e cidadãos comuns, quando olhavam o futuro, possível ou previsível da Europa, agora já com um entusiasmo muito menor. Trata-se, aliás, de uma narrativa da Europa escrita a contracorrente, com um sentido que os desenvolvimentos mais recentes permitem olhar como quase profético.

Logo no início do volume, Judt conta que tomara a decisão de o escrever muito tempo antes, num dia de dezembro de 1969, poucas semanas após a queda do Muro de Berlim, quando acabara de chegar de comboio a Viena, vindo de Praga, onde quarenta anos de «socialismo real» estavam então a ser enviados «para o caixote do lixo da história» (PG: 19). A decisão foi tomada por ter compreendido, após ter vivido *in loco* esta experiência e contactado alguns dos seus protagonistas, que a ideia de Europa como continente essencialmente uno pertencia, de facto, a uma história ainda por contar ou que não estava convenientemente esclarecida. Procura fazê-lo justamente na perceção das assimetrias existentes, referindo que o «relato agradável», no lado ocidental associado à história da Europa na segunda metade do século xx, «contém um núcleo de verdade, mas exclui uma parte significativa», uma vez que, como sublinha, «a Europa de Leste — desde a fronteira austríaca aos

Montes Urais e de Talin a Tirana — não se revê nela» (PG: 24). Não podendo ser isoladas, as duas partes também não poderiam nem deveriam ser encaradas apenas como partes de um todo que, graças a algumas circunstâncias eventualmente infelizes, durante algumas décadas haviam permanecido desavindas.

O autor lembra também que a história da Europa desde a Segunda Guerra Mundial está ensombrada por silêncios, por ausências, uma vez que aquela que fora a realidade do continente ainda no início do século XX, referenciada como «uma mistura intrincada e enredada de línguas, religiões, comunidades e nações que se sobrepunham», fora completamente desfeita em pó nos terríveis anos vividos à beira do abismo e que separaram 1914 de 1945 (Kershaw, 2015). Dessa experiência de três décadas terá resultado uma Europa aparentemente «mais arrumada», mas expurgada de vidas e de passados, de velhos hábitos, práticas, crenças e convicções que hoje esperam o momento se não de ressurgir — todo o historiador sabe que o passado jamais se repete —, provavelmente de servir de munição a novos conflitos, contradições e projetos. Como, na altura em que Tony Judt escreveu, tinham acabado de comprovar aos olhos de todos os sangrentos conflitos civis ocorridos nos territórios que anteriormente haviam integrado a União Soviética e a ex-Jugoslávia.

Pensada inicialmente como um projeto de paz e de desenvolvimento, a União Europeia seria assim, talvez, uma resposta à História, «mas nunca poderá substituí-la» (PG: 930).

O conflito de interesses e de perspetivas da Europa com os Estados Unidos da América corresponde também a uma vertente na qual Judt observou a própria identidade europeia. Refere-o por diversas vezes, mas é principalmente no ensaio «A Boa Sociedade: Europa vs. América», incluído na coletânea *O Século XX Esquecido*, e que, por motivos compreensíveis, já foi objeto de alguma animosidade por parte de leitores norte-americanos aquando da sua publicação, que mais diretamente trata o tema. Essa abordagem contém uma dimensão analítica e destaca as profundas diferenças culturais e de atitudes sociais que separam, em regra, independentemente da diversidade de ambos, os povos dos dois lados do Atlântico Norte, denunciando uma incompreensão fundada, a seu ver, sobretudo numa má vontade que considera dominante nos Estados Unidos, para Judt «aprisionados no que Tocqueville descreveu como "expressão perpétua de aplauso a si mesmo"» (OSX: 413). Todo o artigo se funda num breve inventário dos elementos que integram a perceção contemporânea que cada lado possui do outro. Como é bom de ver, não se tornou nada simpático publicar um artigo desta natureza quando o seu autor usava os Estados Unidos como lugar de acolhimento, e foi principalmente isso que algumas das vozes críticas lhe fizeram chegar.

Em «O Seu Pior Inimigo», um artigo de recensão à obra *The Paradox of American Power*, de Joseph S. Nye, publicado em 2002 e inserido em *Quando os Factos Mudam*, Judt foi ainda mais longe na denúncia subtil de um modo de estar que ao mesmo tempo o atraía e repugnava: «A "América" que uma grande parte do mundo tem na mente não se define por ogivas balísticas, bombas inteligentes ou mesmo soldados. É mais subtil e difusa. Em alguns lugares, é uma memória distante de libertação. Noutros, é uma promessa de liberdade, oportunidade e abundância: uma metáfora política e uma fantasia privada» (QFM: 197-8). Mas Judt lembra também que noutras paragens ou nos mesmos lugares tem também sido «identificada com a repressão». Parte daqui para uma abordagem do fenómeno global do antiamericanismo, pelo qual, de certa forma, culpa a própria América: «além de provocar ressentimento pelo que é, alimenta a antipatia pelo que faz» (QFM: 198). O referente é sempre, como contrário de um padrão de comportamento que suscita situações desta natureza, o modelo cultural europeu, menos fundado na arrogância e no provincianismo que Judt encontra nos Estados Unidos. Não é por acaso que a principal exceção que encontra no território americano é Nova Iorque, a cidade mais cosmopolita e diversa, a seu ver com bastante de europeia, a quem no ensaio «Nova Iorque, Nova Iorque», publicado em *O Chalet da Memória*, dedica uma espécie de declaração de amor. Ainda que aqui se referisse ao tipo particular de amor que se dedica a quem se conhece tão bem, e em quem se apreciam tantas coisas, que se relevam como aceitáveis certos defeitos e os primeiros sinais de decadência.

Passando ao segundo dos temas abordados por Judt destacados neste capítulo, pode agora olhar-se melhor a observação que foi fazendo da história do socialismo. Ela resulta, desde logo, da fase inicial do seu percurso académico, mas não pode deixar de ter uma ligação com a origem familiar, as vivências da infância e da juventude e a opção política, que depois viria a abandonar, pelo sionismo de esquerda, em parte referida e enquadrada mais atrás.

O início da vida profissional como historiador foi feito, como já se viu também, com a sua tese de doutoramento, *La Reconstruction du Parti Socialiste: 1921–1926*. Dedicou-se nela a uma abordagem do processo de autonomização da SFIO, organização que viria a estar na origem do que seria mais tarde o Partido Socialista, em relação à então maioria, que em 1920, no Congresso de Tours, decidiu aderir à Internacional Comunista, constituindo no ano seguinte o PCF. Nesta obra, e apesar da sua natureza algo factualista, muito própria de um trabalho académico inicial, onde a voz do autor tem ainda uma presença modesta, salienta o modo como, à época, os socialistas franceses, ao contrário do que estava a acontecer noutros países da Europa, haviam rejeitado o anticomunismo como princípio identitário, optando, em regra, por uma via de abertura que entre 1936 e 1938 o governo de convergência da Frente Popular irá reforçar.

Em 1979 publicará o já mencionado *Socialism in Provence: 1871–1914*, considerado na própria obra como um «estudo sobre uma tradição política que moldou uma nação». No entanto, apesar do que o título parece indicar, tratou-se essencialmente de uma obra de história social, na qual procurou mostrar-se como o socialismo em França se desenvolveu pelos finais do século XIX e inícios do seguinte, ao contrário daquela que era então uma ideia feita, principalmente em regiões periféricas das grandes cidades e junto de pequenos proprietários agrícolas. Para Judt, então no início do seu caminho como historiador, mas já um intelectual cujo trabalho foi sempre pautado por uma grande autonomia epistemológica, a obra desenvolve um argumento na altura ainda em larga medida inovador. Dylan Riley identifica-o da seguinte forma num artigo onde levantou objeções à tese: «[segundo Judt] a persistência de um socialismo de raiz marxista em França ficou a dever-se à existência de um grande número de proprietários rurais, combinada com a introdução, que ocorreu muito cedo, do sufrágio universal, ambos herança da Revolução Francesa» (Riley, 2011: 35). A sua teoria contrariou, pois, a perspetiva até aí dominante na história do movimento socialista em França, segundo a qual a sua base social original, a mais natural, teria residido, como fundamento da sua força política, no lugar ocupado pelos operários das cidades e das suas áreas periféricas, o que à época, dado o relativo anonimato do qual Judt dispunha, não levantou grandes objeções, mas posteriormente, como aconteceu com o referido artigo de Riley, foi motivo de crítica.

A escolha do socialismo em França como tema não resultou, porém, de uma simples opção académica, como fica patente quando se observam os antecedentes familiares e políticos do autor e como viria a ser comprovado em comentários seus sobre os interesses que o mobilizavam. Existe, de facto, um esforço visível para, a partir de uma perspetiva crítica, por vezes assumidamente heterodoxa, confrontar a história do socialismo com alguns dos seus mitos e ideias feitas. A tendência sairá reforçada em *Marxism and the French Left*, lançado em 1986, onde identificou três momentos centrais na história do PSF. O primeiro corresponde ao período que vai de 1920 a 1936, no qual foram lançadas as bases sociais e políticas do partido, assentes ainda principalmente na importância do seu papel reivindicativo, em boa parte apoiada na tradição revolucionária francesa do século XIX. O segundo situa-se na sua evolução sensivelmente entre 1946 e 1975, anos de forte crescimento económico e de melhoria das condições de vida, nos quais o PS francês transferiu a sua base fundamental de apoio para as cidades e assumiu pela primeira vez «atitudes críticas consistentes contra o capitalismo» (MFL: 10). O terceiro momento é o período, aberto na década de 1970, que viria a culminar com a vitória de François Mitterrand nas eleições presidenciais de 1981 e a assunção, por parte do seu partido, de uma vocação de poder até aí letárgica.

Nas três obras escritas por Judt até esta altura, o estudo, apesar de centrado na realidade francesa, cruza também essa fronteira, assumindo, ao mesmo tempo, uma escolha onde fica claro que o seu trabalho como historiador é também um trabalho de cidadania, com opções, tanto no plano da definição temática como na abordagem, relacionadas com as suas próprias preferências ou interesses de natureza política. Tal resulta ainda mais claro na observação do terceiro dos temas mais insistentemente tratados, afirmado, aliás, numa estreita ligação com o anterior.

O trajeto e o futuro da social-democracia, como projeto e possibilidade, têm um lugar central na vida e no trabalho de Tony Judt. Desde logo pela tradição familiar, em particular por via das escolhas do seu pai, Joseph, que sempre se assumiu, em casa ou nas relações sociais que mantinha, como judeu e um homem de esquerda, permitindo ao jovem Tony a imersão num ambiente cultural propício a recolher e a partilhar essa influência. Como se viu, aborda essa linhagem em vários dos textos reunidos publicados em *O Chalet da Memória*, onde lembra principalmente os tempos de Londres, e depois os de Paris, nos quais ela foi sendo construída e consolidada. É neles também que descreve o seu processo pessoal de autonomização política e as primeiras escolhas.

Em «Kibbutz», recorda que os seus anos 60 foram diferentes dos de muitos dos seus contemporâneos que partilharam os valores, códigos e práticas dominantes dentro da nova cultura internacional juvenil então emergente. «É claro que também partilhei o entusiasmo pelos Beatles, pelas drogas leves, pela divergência política e pelo sexo (este mais imaginado do que praticado)», recorda, para logo esclarecer em que consistiu a sua diferença em relação às escolhas e às práticas da maioria dos jovens que nessa época conhecia: «no que diz respeito ao ativismo político, entre os anos de 1963 e 1969 divergi da corrente dominante por me empenhar de alma e coração no sionismo de esquerda» (OCM: 97). De uma forma abreviada, pode dizer-se que este consistiu numa das variantes do sionismo, a ideologia política que nasceu para combater o recorrente antissemitismo disseminado sobretudo na Europa, e que a partir dos finais do século XIX procurou pugnar pela expansão de um sentimento nacional judaico e pela criação de um Estado que lhe desse corpo. Esta variante foi em larga medida influenciada por setores marxistas e socialistas próximos da tradição do movimento operário europeu, tendo estado associada ao Bund — a União Geral dos Trabalhadores Judeus, implantada principalmente, até às primeiras décadas do século XX, na Lituânia, na Polónia e na Rússia — e a outras organizações de idêntica natureza. Ela confluiu em boa parte com as propostas do Mapaï (Partido dos Trabalhadores de Eretz Yisrael), o partido político israelita de esquerda, fundado em 1930, que permanecera particularmente influente entre os pioneiros da independência e constituiu a mais importante das forças políticas de Israel até à sua unificação com a Ahdut HaAvoda (a Unidade Trabalhista, entretanto emancipada em 1968 da influência tutelar de David Ben Gurion, o principal fundador do Estado de Israel), dando origem ao atual Partido Trabalhista (Greilsammer, 2005; Mendes, 2014).

Judt relata então a sua experiência juvenil dentro desse universo. A ligação ao Dror, um dos movimentos juvenis que o integravam, a participação em campos de treino para quadros dirigentes no Sudoeste da França, e, entre fevereiro e julho de 1966, uma primeira estada, a tempo inteiro, numa quinta comunal na Alta Galileia. A princípio, como lembra, «esta educação sentimental deveras intensa correu muito bem», tendo incluído, no ano seguinte, trabalho voluntário num *kibbutz* e uma breve recruta nas forças armadas de Israel, onde se mostrou «ideologicamente empenhado e intransigentemente conformista». Nessa fase assumiu, em conjunto com outros jovens nas mesmas circunstâncias, uma atitude entusiástica muitas vezes traduzida «em celebrações de felicidade coletiva, excluindo dissidentes e celebrando a nossa reconfortante unidade de espírito, propósito e roupa» (OCM: 97–98).

No entanto, tudo começou a correr de outra forma quando foi enviado para os montes Golã, como militar, durante a Guerra dos Seis Dias, travada em junho de 1967. Aí começou, como nos descreve, a observar o modo como eram tratados os árabes que haviam sido derrotados e a perceber a indiferença com que muitos militares «previam a futura ocupação e o domínio dos territórios árabes» (OCM: 102). Quando voltou ao *kibbutz* onde vivia, em Hakuk, na Galileia, já não era o mesmo Tony que ali havia chegado pela primeira vez, tendo começado a ver com outros olhos o universo no qual tão empenhadamente se aplicara e a sentir-se cada vez mais deslocado no papel que lhe havia sido destinado. Umas semanas depois fez as malas e meteu-se no avião, regressando à sua casa em Londres.

Judt recorda, no entanto, com compreensão e sem qualquer mágoa, o seu vínculo à juventude da esquerda sionista, sempre associado à ideia de construção, à medida de algumas das utopias socialistas do século xix, de um ideal partilhado de libertação:

«a noção de que os jovens judeus da diáspora seriam resgatados das suas vidas estéreis e assimiladas e transportados para colonatos coletivos nos confins da Palestina rural, e ali criariam (...) um campesinato judaico, que não explorava nem era explorado» (OCM: 98). O ideal de comunitarismo, pobreza, frugalidade e com algo de «amor livre» era também apelativo — sendo-o igualmente, na época, mesmo para muitos jovens europeus de esquerda que não eram judeus ou sionistas mas romantizavam a vida nos *kibbutz* — e era fácil um jovem idealista e disponível embarcar em tal missão.

Na verdade, a experiência negativa não afastou Judt dos ideais de uma escolha sempre alinhada à esquerda do espectro político, em particular com o vínculo afetivo, embora não militante, que conservaria sempre com a social-democracia, olhada como um compromisso não apenas formal entre um ideal democrático, libertário e solidário e uma recusa das soluções socialistas de sinal autoritário e centralista. A referência ao seu vínculo crítico, mas constante, à social-democracia emerge em diversos momentos do seu trabalho, mas foi na conclusão de *Ill Fares the Land* (*Um Tratado sobre os Nossos Actuais Descontentamentos*) que ela tomou uma forma mais explícita. Trata-se de um manifesto apaixonado pela defesa de um projeto de sociedade que investigou e tão de perto viveu numa Londres ainda arrasada pelos bombardeamentos da Segunda Guerra Mundial, ainda que aí integre comentários sobre algumas das suas circunstâncias objetivas marcadas por um teor claramente pessimista.

Torna-se necessário, neste ponto, seguir de perto a sua reflexão, de modo a dialogar com ela. A definição que propõe de social-democracia é a clássica, recorrente nos manuais de filosofia e de história política, mas também no debate público. Fá-lo por contraposição com a ideia de socialismo, colocando o processo de identificação de ambos os conceitos no passado. Assim, enquanto o caminho do socialismo «teve que ver com a mudança transformadora», a substituição revolucionária do capitalismo por um regime que se pretendia mais justo que lhe sucedesse, o da social-democracia, ao invés, «foi um compromisso», implicando «a aceitação do capitalismo e a democracia parlamentar como o contexto no qual passariam a ser tratados os interesses até então negligenciados de vastos setores da população». Esta separação passa também pela forma como a sua materialização histórica decorreu. Na sua perspetiva, «o socialismo — sob todas as suas múltiplas formas e encarnações com hífenes — falhou, enquanto a social-democracia não só chegou ao poder em muitos países, como resultou além dos melhores sonhos dos seus fundadores» (TSN: 212–213). Porém, a dicotomia não deve ser interpretada de forma literal, uma vez que, em Judt, a noção de resultado positivo que as experiências da social-democracia ofereceram cinge-se, embora isso não seja de pequena monta, à elevação das condições materiais e da qualidade de vida da larga maioria dos cidadãos, não sendo, todavia, um modelo de aplicação universal e suscetível de uma duração perpétua, particularmente em tempos de retração económica.

De facto, colocada na linha do tempo histórico, a social-democracia é por ele observada como um «produto de circunstâncias históricas únicas», determinado por uma ideia política «ajustada aos desafios sociais da industrialização nas sociedades desenvolvidas», que, com toda a probabilidade, não se irão repetir. Segundo crê, é esta inadequação que de algum modo determina o modo como a generalidade dos partidos social-democratas europeus foi gradualmente perdendo o elã político, acabando por se limitar a gerir as sociedades que tiveram a oportunidade de governar segundo «objetivos egoístas e provincianos» (TSN: 217), nada consentâneos com a possibilidade de uma reformulação mais profunda, mais justa e duradoura das sociedades.

É errado, no entanto, afirmar que esta perspetiva pessimista, deixada por Tony Judt num livro tardio, escrito e publicado quando se sabia já perto do fim, tenha correspondido sempre à sua noção de sentido histórico e político tomado pela hipótese social-democrata. Desde logo porque tal contrariaria o reconhecimento que fez, nas suas primeiras obras, do papel do Partido Socialista em França (tomado aqui, naturalmente, na aceção social-democrata que adotou desde a referida origem como SFIO). Mas também porque a sua desilusão com os caminhos que esta tendência política tomou acaba, aliás, no mesmo livro, por sugerir a possibilidade de uma saída e, eventualmente, de um reencontro com as origens, tendencialmente igualitárias e sem dúvida mais combativas e potencialmente mais regeneradoras. «Em finais do século xx, a social-democracia na

Europa tinha cumprido muitos dos seus objetivos políticos de longa data», escreveu aí, «mas em grande parte esquecera ou abandonara a sua fundamentação original», passando a assentar a sua atividade em alianças interclassistas, que reuniam operários e camponeses, mas também, e cada vez mais, trabalhadores dos serviços e setores da classe média, tendendo a rejeitar todas as escolhas que pudessem ser capazes de perturbar tal equilíbrio. Seria, então, justamente o abandono dessa fundamentação original a colocar «o maior desafio aos Estados-Providência e aos partidos que lhe deram existência» (TSN: 143), impondo-lhes, eventualmente, a necessidade de uma inversão da escolha.

Aquilo que poderia parecer, em meados do século xx, uma maior capacidade da social-democracia, «a sua disponibilidade para flexibilizar as suas crenças fundamentais em nome do equilíbrio, tolerância, justiça e liberdade», nas circunstâncias do início do século seguinte «mais parece uma fraqueza, uma perda de coragem». Para estabelecer uma comparação com o passado e acentuar o que lhe parece ser a paisagem demolidora da atual social-democracia, Judt recorre a uma frase de Édouard Berth, o teórico francês do sindicalismo revolucionário do início do século xx, para quem o pensamento progressista, que ela deveria necessariamente conter, exprimia «uma revolta do espírito contra (...) um mundo no qual o homem era ameaçado por um materialismo moral e metafísico monstruoso» (TSN: 146). Fundado no conhecimento que foi sempre ampliando da história das ideias sociais e do socialismo, na vertente social-democrata — basicamente aquela que, a partir das propostas de teóricos reformistas como Eduard Bernstein e Karl Kautsky, definiu uma perspetiva do marxismo considerada governamentalista e não-revolucionária —, que foi em boa parte aquela que estudou sob a perspetiva da história, Judt sugere então a produção, destinada a redimir essa dimensão, daquela que considera dever constituir «uma nova narrativa moral».

Esta corresponderá a «uma descrição intrinsecamente coerente que atribua sentido às nossas ações de uma maneira que as transcende» (TSN: 174), apelando «aos nossos instintos benévolos» — o conceito, recorda-o sem preconceito, é de Adam Smith — e tendo como objetivo prioritário a redução da desigualdade entre os indivíduos. Aceitando que a proposta tem muito de «idealista e ingénuo», sugere, no entanto, que ela é inequivocamente superior à perspetiva de uma mera «história de um crescimento económico interminável». Insiste também em que «para a esquerda a ausência de uma narrativa sustentada historicamente deixa um espaço vazio», considerando esta necessária, uma vez que, a seu ver, «sem idealismo, a política reduz-se a uma forma de contabilidade social, à administração quotidiana dos homens e das coisas», o que para a esquerda será sempre «uma catástrofe» (TSN: 139). É em boa medida esta a razão pela qual o modelo social-democrata pensado por Tony Judt tem sido por várias vezes considerado pelos seus críticos como antiquado ou não adaptado ao mundo, em larga medida descrente de narrativas mobilizadoras de teor utópico, como ele o é por estes dias.

Aquilo que escreveu no *Tratado*, em especial no referido texto com o qual fechou o livro, fora precedido de uma outra reflexão, com um título idêntico («O que está vivo e o que está morto na social-democracia?»), inserida num estudo dotado de mais algum aparato erudito e de uma estratégia retórica mais dinâmica, que publicara ainda em 2009. Corresponde à última palestra pública de Judt, proferida na Universidade de Nova Iorque a 19 de outubro desse ano, já em condições de enorme debilidade física; tendo saído inicialmente na imprensa, encontra-se reproduzido na coletânea *Quando os Factos Mudam*. Judt fez ali uma afirmação aparentemente paradoxal, que, no entanto, teve o cuidado de explicar: «Se a social-democracia tem futuro, será como a social--democracia do medo» (QFM: 355). Pretendeu com isto significar que, não vivendo nós num tempo de crescimento e de equilíbrio propício ao otimismo, já será muito importante que não regressemos, dado sabermos aquilo que perderíamos e o que tememos, ao mundo que precedeu as grandes conquistas sociais do século xx. Terminará a intervenção com uma citação de *Homenagem à Catalunha*, de George Orwell, quando este falava do seu envolvimento militante na Barcelona revolucionária dos anos da Guerra Civil. «Havia muita coisa que eu não compreendia e de que em alguns aspetos nem sequer gostava, mas reconheci de imediato uma situação pela qual valia a pena lutar», escreveu Orwell, para depois Tony Judt comentar, num registo entre a esperança e o desencanto, naquelas que foram as suas derradeiras palavras para uma plateia de colegas e de alunos: «Creio que isto não é menos verdade em relação ao que possamos recuperar da memória do século XX da social-democracia» (QFM: 356).

Na última entrevista à *Prospect Magazine*, já aqui citada, Judt esclareceu este padrão de intercurso entre passado e presente que neste domínio concreto lhe parece indispensável e um instrumento de esperança: «Uma das poucas coisas nas quais acredito firmemente é que é preferível construir um mundo melhor a partir de passados utilizáveis que sonhar com futuros infinitos. Existe uma perspetiva, vinda do Iluminismo tardio, segundo a qual a única forma de obter um melhor futuro é acreditar que o futuro será melhor» (Jukes, 2010).

O quarto tema particularmente presente no conjunto da obra historiográfica de Judt, e no qual investiu também politicamente, foi a recuperação da dissidência intelectual. O termo é utilizado aqui num sentido alargado, embora possua um referente histórico conhecido. Geralmente utiliza-se para caraterizar um movimento que existiu na União Soviética, sensivelmente iniciado em 1965, aquando da prisão dos escritores Siniavski e Daniel, e encerrado em 1985, após iniciada a liberalização política da era de Gorbachev que lhe retirou a razão para existir. Refere-se à atuação de um conjunto de intelectuais — escritores, artistas, filósofos, cientistas, alguns profissionais liberais e também estudantes — que se reclamavam de «pensar de outra forma» e de «defender os direitos», em particular no que respeita à possibilidade de uma criação intelectual livre e à expressão das opiniões críticas. A expressão «dissidência» foi, no entanto, introduzida a partir do exterior pelos *media* internacionais, que assim procuravam atribuir um sentido de movimento organizado ao que era, de facto, essencialmente a soma de iniciativas individuais (Berelowitch, 2004). De seguida, por analogia, passou a referir-se a movimentos análogos, constituídos em países do «socialismo real», como a China ou Cuba, e, no passado, a Checoslováquia, a Hungria ou a Polónia. Depois, passou também a designar intelectuais antissistémicos que vivam e trabalhem em alguns Estados nos quais existem regimes autoritários ou de natureza teocrática, como atualmente acontece na Turquia e no Irão, ou ainda, de hoje em dia, aqueles que constroem práticas de resistência à deriva política e cultural associada aos valores e práticas dominantes no mundo sujeito ao neoliberalismo.

Porém, apesar de em alguns momentos referir a dissidência como fenómeno cultural e político de natureza coletiva, Judt aborda-a de uma forma essencialmente casuística. Isto é, estuda e escreve, em particular nos seus trabalhos mais próximos da história das ideias, sobre homens e mulheres cuja vida e trabalho se desenvolveram, em boa medida, numa atitude individual, por vezes de uma natureza algo quixotesca, de rejeição divergente do pensamento dominante associado ao poder político. Associa-a ainda a um outro padrão de resistente, o proscrito, que, imerso numa dada corrente intelectual e num dado padrão de militância de natureza cívica e política, se afasta das conceções que neles são prevalecentes e que configuram uma norma que aquele rejeita, sujeitando-se frequentes vezes a iniciativas de exclusão ou de silenciamento. A este propósito, num encontro tido em Paris com Annie Kriegel, a importante historiadora do comunismo francês já aqui mencionada, a conversa foi tão franca que, a dado momento, «Annie percebeu que eu não estava interessado em vencedores, percebeu isso e achou que era uma qualidade louvável num historiador sério» (PSX: 156), e achou-o de tal forma que se tornou sua orientadora da tese de doutoramento, vindo a prefaciar a sua futura edição impressa.

Tony Judt considerou em particular aqueles que entendeu terem sido, de uma forma direta ou não, vítimas do estalinismo ou de atitudes de natureza ortodoxa, sectária e frequentemente discriminatória, pouco atentas a critérios de verdade ou de aceitação da divergência, que com ele, ou com grupos que dele se aproximaram, historicamente confluíram. Pode constatar-se esse permanente interesse olhando de novo a maioria dos autores que considerou terem integrado a sua formação intelectual ou que estudou com maior detalhe e sobre os quais escreveu, bem como o grande número daqueles que, mantendo-se ao longo da vida como parte integrante da esquerda política, como críticos do capitalismo ou, em alguns casos, como próximos do marxismo, se foram distanciando do modelo soviético e da linha política e orgânica dos partidos comunistas a ele e à sua tradição associados, ou que então desenvolveram uma atividade intelectual distante desse modelo. Blum, Orwell,

Camus, Koestler, Sperber, Kolakowski, Arendt, e mesmo Aron ou Furet, tiveram de enfrentar esse género de constrangimento, com elevados custos pessoais e também profissionais.

Basta observar o que foi referido atrás a respeito da intervenção de autores como George Orwell ou Albert Camus para se compreender um dos vetores essenciais da sua ostracização por parte de alguns meios, do seu combate temerariamente singular e, ao mesmo tempo, de uma vontade de remissão das suas obras e das suas vidas que Judt, sem dúvida, assumiu também como sua. Embora em momentos diferentes, dada também a diferença geracional, ambos tiveram de enfrentar essa animosidade. Orwell, de uma forma mais difícil, passou pela tentativa de homicídio por parte de agentes da NKVD, a polícia política soviética, quando, durante a Guerra Civil espanhola, estava na Catalunha a combater contra os franquistas; depois, sofreu uma tentativa de isolamento por parte de intelectuais britânicos fascinados com a experiência soviética nos anos 30 e 40, e também com a própria figura de Estaline. Quanto a Camus, pela exclusão e perseguição profissional de que foi objeto quando se afastou das posições para a área da cultura que foram protagonizadas pelo PCF ou por setores que com ele confluíam, agora já nos anos 50, em nome da defesa de um modelo político bastante rígido e excludente desenvolvido em contexto de Guerra Fria.

Em ambos os casos, porém, os seus principais adversários foram outros intelectuais, os «amigos intelectuais do comunismo», como lhes chama o historiador David Caute, escritores, pensadores, artistas ou jornalistas *compagnons de route*, formalmente sem partido, a quem eram toleradas as escolhas individuais desde que, no que concerne à política externa e interna da União Soviética, estivessem naquele que os setores mais intransigentes consideravam o lado certo. Ainda que para o fazerem exibissem «lentes bifocais, duplos critérios, um romantismo míope» (Caute, 1988: 16) que os levava, muitas vezes, a pugnar no seu país pela democracia e por sociedades abertas, fruindo muitas vezes dos seus benefícios, enquanto, ao mesmo tempo, aceitavam experiências de poder centralizado, de censura, de manipulação da informação, de endeusamento dos líderes ou do uso pelo Estado da repressão interna ou da agressão externa, como ocorreu na Hungria e na Checoslováquia.

Este género de tomada de posição a respeito de um certo padrão de intelectual, em particular aquele que se distanciava da experiência dos partidos comunistas «oficiais» ou dos regimes do Leste europeu, resultou de uma posição de assumido distanciamento de Judt em relação ao ideal de «socialismo autoritário», que no Leste europeu se afirmou sobre as ruínas de experiências falhadas ou destruídas de democracia representativa. E se este já é evidente quando se reportava a alguns dos trajetos e experiências vividos na primeira metade do século xx, torna-se ainda mais claro quando, após algumas temporadas que passou em Praga, com algumas viagens pelo lado mais oriental da Europa, pôde tomar um conhecimento direto das existências e das condições que lhe foram transmitidas pelos colegas que ali conheceu ou pelo trabalho de arquivo que ali realizou. Ao longo de *Pós-Guerra*, esse padrão de conhecimento revela-se particularmente bem documentado, reforçando, na condição de partidário da social-democracia, o caráter a seu ver inaceitável e até ilegítimo, dada a forma como tinham alcançado e mantido o poder, dos regimes que na Europa tinham controlado com uma mão de ferro os Estados que entraram em convulsão a partir dos acontecimentos dramáticos de dezembro de 1989.

Tony Judt lembrava, aliás, que as grandes religiões políticas do século XX, entre as quais considerava dever contar-se o marxismo-leninismo, preferem «descrições instrumentais e racionais do bem e do mal, do certo e do errado», o que ele rejeitava na medida em que essa escolha relativizava o próprio conceito de mal, «abrindo o espaço a toda a espécie de iniquidades e de atropelos» (OSX: 28), funcionando na rejeição de toda a fundamentação ética da atividade política, e ficando aqueles que as adotavam privados da autonomia e da faculdade de exercer sem restrições a capacidade crítica individual. Uma escolha inaceitável para quem aceitasse a resistência à norma como fundadora da ideia de liberdade e de igualdade. Como seria de esperar, esta posição de Judt foi criticada por muitos dos partidários dessa solução, que viam nas suas objeções uma forma de afastamento da área política da esquerda e, no que ao trabalho como historiador dizia respeito, como uma forma de condenável apoio a casos individuais de «traição».

Por fim, o quinto grande tema recorrentemente abordado por Tony Judt e que aqui merece um destaque particular foi, pela sua natureza e pela própria condição do autor, objeto de acesa polémica, tendo inclusive determinado a sua exclusão por parte de setores que dele discordaram, recusando-se a aceitar as suas razões. Esse assunto diz respeito à sua condição específica de judeu, à sua posição sobre o sionismo e, principalmente, às escolhas que foi desenvolvendo e tornando públicas a propósito do Estado de Israel e do conflito israelo-palestiniano.

Uma vez mais, é indispensável seguir de perto as suas palavras, aqui retiradas de «Toni», o texto com o qual fechou *O Chalet da Memória*. Deve esclarecer-se que esse Toni não é ele, e nem é sequer um homem, mas uma jovem desaparecida aos dezasseis anos. Toni Avegael nasceu em Antuérpia em 1926 e ali viveu a maior parte da vida. Prima direita de Joseph Judt foi levada para Auschwitz em 1942 e morta numa câmara de gás por ser judia. «O meu nome próprio é em honra dela», relembra Tony, naquela que é a última frase daquele que foi, de facto, o seu último livro de originais, o que denuncia a importância que atribuía a essa herança familiar e ao facto de ser judeu.

Mas, afinal, que espécie de judeu foi o autor que é tema e razão de ser deste livro? Ainda uma outra vez, é preciso seguir-lhe as palavras para o perceber um pouco melhor:

> Rejeito a autoridade dos rabinos, de todos eles. (...) Não participo na vida da comunidade judaica, nem cumpro os rituais judaicos. Não faço especial questão

de conviver com judeus (...). Não sou um judeu «não praticante» (...). Não «adoro Israel» (...) e não me importa que o sentimento seja recíproco. Mas sempre que alguém me pergunta se sou ou não judeu, respondo sem hesitar pela afirmativa e teria vergonha de dizer o contrário. (OCM: 207–208)

De facto, não existia observância religiosa judaica regular na família mais próxima de Judt e, como gostava de lembrar, todos os anos em sua casa se erguia uma árvore de Natal. Fora apenas um entre os dez alunos judeus que existiam na sua escola, então com mais de mil estudantes, mas desde muito cedo incorporou um forte sentido de identidade judaica, reforçada, aliás, apesar das peripécias não previstas da experiência atrás mencionada, com a militância no sionismo de esquerda e a estada em Israel. Além disso, entre as figuras pelas quais se interessou de uma forma mais ou menos minuciosa, existiam várias com uma origem judaica, como Kafka, Kraus, Blum, Benjamin, Zweig, Koestler, Sperber, Levi, Arendt ou Kolakowski, e por mais do que uma vez se referiu a essas escolhas considerando que essa origem fora uma das razões mais fortes do seu interesse por elas.

Todavia, apesar de esta ligação associada à experiência juvenil como sionista, apesar de ter tudo para que pudesse ser mal visto entre setores antissemitas, foi com judeus que teve verdadeiros problemas. Foram desencadeados com a publicação, uma vez mais na *New York Review of Books*, em 23 de outubro de 2003, do artigo «Israel: The Alternative», mais tarde incorporado na antologia de ensaios *Quando os Factos Mudam*. Tanto muitos dos que o apoiaram como detratores seus citam esse texto como tendo marcado o momento em que pediu que Israel fosse substituído por um único Estado binacional de judeus e árabes. No entanto, e na verdade, Judt nunca apelou à destruição de Israel ou à sua substituição automática por esse Estado binacional, e o referido artigo só se pode ler dessa forma se, como de facto aconteceu, se saltarem parágrafos, lendo alguns e omitindo outros. Aquilo que na verdade surge escrito no artigo é que a indefinida expansão dos colonatos nos territórios árabes poderá chegar a um ponto tal que se tornará impossível a Israel recuar para as suas fronteiras iniciais, inviabilizando assim uma solução mais justa e equilibrada. «A solução de dois Estados faz parte de um consenso convencionado e de uma justa e possível solução», escreve Judt, mas «suspeito que é demasiado tarde para isso; há demasiados colonatos, demasiados colonos judeus e demasiados palestinianos, e todos vivem juntos». Portanto, «chegou o momento de pensar o impensável», pondo de parte essa solução dos dois Estados.

A verdadeira alternativa que, segundo ele, confrontará o Médio Oriente nos próximos anos será «entre um Grande Israel etnicamente limpo e um único Estado integrado e binacional de judeus e árabes, israelitas e palestinianos». Só que a extrema-direita israelita, cada vez mais poderosa e agressiva, opta decididamente pela primeira solução, procurando acelerá-la, enquanto uma parte dos palestinianos age como se fosse essa a única possibilidade, concentrando-se em evitá-la, em vez de se virarem para a segunda, ficando curto o espaço para a construção de uma alternativa equilibrada. Ao mesmo tempo, «a impopularidade das ações de Israel afeta de grande forma a todos aqueles que se consideram judeus», e, neste sentido, «a verdade deprimente é que Israel de hoje em dia é mau para os judeus». Judt conclui depois o artigo esclarecendo que um Estado binacional exigiria o aparecimento, quer entre os judeus, quer entre os árabes, de uma nova classe política, terminando da seguinte forma: «A ideia de um Estado binacional é uma combinação pouco prometedora de realidade e utopia, o que não é um começo auspicioso. Mas as alternativas são muito, muito piores» (QFM: 127–135).

   O artigo foi atacado por alguns setores de opinião pró-palestinianos, nada atraídos pelo tom conciliador e pelo reconhecimento dos direitos nacionais de Israel, mas a maioria dos ataques chegaram mesmo de Israel — o *The Jerusalem Post*, por exemplo, ainda no seu obituário, ali publicado em 8 de agosto de 2010, acusou o historiador de «fortes sentimentos antissionistas» — e, principalmente, da comunidade judaica nos Estados Unidos, para quem o seu simples nome chegou a ser considerado um sinónimo de ódio a Israel. Após uma barragem de artigos profundamente insultuosos para Judt, membros influentes da comunidade conseguiram mesmo fazer com que perdesse algumas propostas profissionais em universidades e meios de comunicação. O próprio Judt contará, algum tempo depois, que num jantar de beneficência em Manhattan, com celebridades das artes e do jornalismo, um homem de meia-idade debruçou-se sobre a mesa e fitou-o intensamente: «É o Tony Judt? Tem de deixar de escrever essas coisas horríveis sobre Israel!» (OCM: 209). Porém, passada a polémica, as inquietações e as perguntas permanecem, como esta, feita em 2002, um ano antes do artigo controverso: «Com a forma como tratam os seus súbditos árabes, os israelitas estão num caminho para nenhures. Não existe alternativa a negociações de paz e a um acordo final. E se não for agora, quando será?» (QFM: 126).

Sobre os problemas que viveu por causa destas suas posições sobre o judaísmo, e em particular sobre Israel, Judt referiu na entrevista concedida a Peter Jukes que o irritava muitíssimo ser a todo o momento considerado alguém que ocupava o seu tempo a comentar negativamente a política de Israel: «Vejo-me em primeiro lugar, e acima de tudo, como um professor de história; de seguida, como alguém que escreveu sobre a história da Europa; depois, como um comentador de temas europeus; depois ainda, como a voz de um intelectual público no interior da esquerda americana; e só depois um ocasional e oportunista participante na discussão que corre na América a propósito dos judeus» (Jukes, 2010b).

Naturalmente, a continuada intervenção de Judt fora do seu território mais especificamente profissional, considerada por alguns dos seus detratores como menos objetiva e associada à sua crescente visibilidade pública, verificada sobretudo ao longo da última década da sua vida, reforçou sempre o caráter polémico de muitas das escolhas e das posições que foi propondo e defendendo sobre os mais diversos temas do passado e do presente. Porém, foi justamente esta capacidade dinâmica que, em boa parte, deu sentido à singularidade que deteve como historiador e conferiu particular valor ao seu lugar como intelectual sobrevivente. No final do *Tratado*, referindo-se à derradeira, à mais citada e à mais glosada das *Teses sobre Feuerbach*, escritas por Marx provavelmente em 1845, anotou: «Há uma observação famosa de que até aqui os filósofos apenas interpretaram o mundo de várias maneiras; a questão é mesmo mudá-lo» (TSN: 219). Atribuindo um sentido dilatado ao conceito de filósofo utilizado neste passo, o aforismo aplica-se como uma luva à missão que Tony Judt tomou em mãos ao longo da vida.

EPÍLOGO

A concluir este livro sobre Tony Judt e os contextos da sua intervenção na condição de historiador e de intelectual público, vale a pena fazer sobressair duas dimensões com as quais a sua personalidade e a sua intervenção confluíram, conferindo-lhes originalidade, combatividade e um significado particular. A primeira prende-se com a energia que Tony Judt sempre empregou para construir e divulgar o seu trabalho em consonância com escolhas temáticas e interpretações muitas vezes singulares e, por isso, em alguns momentos objeto de contestação ou da animosidade dos detratores. A segunda prende-se com a forma como a sua intervenção profissional conferiu um padrão particular de legitimidade a um modo de olhar o historiador, em particular aquele que se ocupa de um tempo muito próximo, como alguém que não só não está impedido de assumir no seu trabalho escolhas com significado político, como muito dificilmente lhes pode escapar.

Sobre a primeira dimensão, espera-se que a leitura deste livro tenha sido esclarecedora. Existe em Judt, como foi sendo observado, uma grande empatia com a ideia e as experiências de singularidade, ou mesmo de ativa dissidência, e por um trabalho, na condição de historiador, mas também como crítico e como cidadão participante, que foi frequentes vezes construído contra as tendências dominantes. Todavia, é importante notar como das escolhas que nesse sentido assumiu jamais resultaram intervenções infundadas, imprecisas, generalistas ou de uma natureza meramente apologética e panfletária, como por vezes acontece quando um autor se esforça por obter um padrão de originalidade ou pauta a sua reflexão pelo desejo de sinalizar a diferença ou a alternativa contra o pensamento dominante. Neste sentido, pode dizer-se que com Tony Judt esta caraterística surgiu amadurecida, mais como expressão de escolhas racionalmente definidas, estudadas de forma coerente e propostas com perseverança, e de uma personalidade nada preocupada com a observação das vias do consenso, quer na qualidade de um exercício de estilo ou como instrumento de provocação.

Quanto à segunda dimensão, vale a pena olhá-la com um pouco mais de pormenor. Se me for perguntado se considero Tony Judt um «grande historiador» do mundo contemporâneo, darei uma resposta ambígua. Sim e não. Ou melhor, não e sim. Se por tal se entender essencialmente o autor de uma obra muito vasta, julgada monumental, absolutamente consistente como género, apoiada numa investigação de arquivo aturada e persistente distribuída por sucessivas décadas de um trabalho tenaz, processado sobretudo na penumbra dos arquivos e reconhecido quase em exclusivo no interior das academias, dificilmente Judt justificará essa qualificação. Como se viu, o seu trajeto, neste domínio, foi bastante sinuoso e heterodoxo, apontando constantemente em diferentes direções. Por outro lado, se olharmos para o envolvimento de natureza participativa e cidadã que sempre procurou associar àquilo que fazia na condição própria do historiador, à vontade de dialogar com um público que não excluía, mas transcendia o escolar, então o lugar que ocupou e o papel que preencheu adquirem outro sentido, sem dúvida estimulante e de certo modo exemplar.

Foram-lhe levantadas, neste campo, algumas objeções. Há algum tempo, num ensaio de teoria da história, Judt foi expressamente inculpado por um historiador português, Diogo Ramada Curto, de «subjetividade confessional» e também de negativa «integração num inaceitável *star system*». Se, no primeiro caso, essa pode ser uma escolha inteiramente legítima e não menos parcial que muitas outras proclamadas asséticas ou isentas, desde que associada ao rigor analítico e ao devido uso das fontes documentais, já no segundo caso é de todo injusta, para além de inexata. De facto, escrever em colunas de opinião e suplementos culturais, participar em conferências públicas propostas por universidades e ir ocasionalmente a programas televisivos sobre história ou atualidade política, não se eximir a sujar as mãos com uma realidade que ainda não esfriou, não define por si só um atestado de pertença ao mundo superficial do espetáculo.

A verdade é que a consideração de um historiador como intelectual público não representa, de modo algum, a casual expressão de um transtorno bipolar, como não significa que este esteja a pôr em causa a especificidade do um *métier* que possui tradições sólidas, objetivos próprios e regras precisas. Tal como os romancistas ou os poetas, independentemente do estilo pessoal ou do género escolhido, apenas têm de possuir em comum o uso criativo, embora controlado pelos códigos de comunicação, da linguagem escrita, também os historiadores têm perante si possibilidades apenas contidas pelas medidas de natureza técnica e pelas necessidades de argumentação que conferem identidade disciplinar e imprescindível rigor ao seu trabalho de reconhecimento e leitura do passado.

Como se viu, aliás, a especificidade da área de história que em termos de objeto se encontra mais próxima do nosso presente torna necessária, ou mesmo inevitável, e ao invés do que poderá ocorrer, por exemplo, com a experiência de um historiador da antiguidade ou de um medievalista, a afirmação de preferências que confluem objetivamente para o domínio da reflexão ou da escolha política com incidência no presente ou, pelo menos, participam na vivência do contemporâneo.

Desta forma, cumpre afinal a história a função cidadã, pautada em primeiro lugar pela transmissão social do testemunho, para a qual nasceu na antiga Grécia. Esteve depois, é verdade, ao serviço dos príncipes, das pátrias, das ideologias, e continua hoje, tal como acontece com outras formas de conhecimento, a ser manipulada ou corrompida por setores muito diferentes, com os quais, de uma forma consciente ou não, muitos historiadores acabam por se tornar cúmplices. Mas a sua função primordial permanece intocável: construir leituras do passado de modo a transmitir aos vivos alguma sabedoria na observação do mundo e a prepará-los para ocuparem um pouco melhor, e mais avisadamente, o lugar que lhes pertence.

Se esse passado se encontra tão próximo que nos toca e o tocamos, será absurdo fugir dele. Embora, nesta ligação, como escreveu numa das anotações inacabadas deixada para um artigo que já não conseguiu terminar, e que é transcrita por Jennifer Homans no final do prefácio a *Quando os Factos Mudam*, Judt tenha considerado que quem a cultive na qualidade de historiador não pode «escrever a pensar em provocar impacto ou reação», como um publicista. Existirá sempre aqui uma medida de bom senso e também de bom gosto: «só podemos escrever o que devemos escrever, o que quer que isto signifique».

É neste sentido, tomado em mãos durante a preenchida vida que Tony Judt levou, que podemos falar do lugar inspirador por si ocupado como intérprete e representante dessa condição híbrida mas possível, embora sem dúvida difícil, de historiador e intelectual público. Contando sempre com a possibilidade de os outros o escutarem, mas pensando e trabalhando principalmente sozinho. Com os seus livros, os seus conhecimentos, os seus devaneios, os seus heróis, os seus passados.

BIBLIOGRAFIA

Obras de Tony Judt

Judt, Tony (2015). *When the Facts Change. Essays, 1995–2010.* Londres: Penguin Press. [ed. port.: (2015) *Quando os Factos Mudam. Ensaios, 1995–2010.* Lisboa: Edições 70]
Judt, Tony; Snyder, Timothy (2012). *Thinking the Twentieth Century.* Londres: Penguin Press. [ed. port.: (2012) *Pensar o Século XX.* Lisboa: Edições 70]
Judt, Tony (2010). *The Memory Chalet.* Londres: William Heinemann. [ed. port.: (2011) *O Chalet da Memória.* Lisboa: Edições 70]
Judt, Tony (2010). *Ill Fares the Land.* Londres: Penguin Press. [ed. port.: (2010) *Um Tratado sobre os Nossos Actuais Descontentamentos.* Lisboa: Edições 70]
Judt, Tony (2008). *Reappraisals. Reflections on the Forgotten Twentieth Century.* Londres: Penguin Press. [ed. port.: (2009) *O Século XX Esquecido. Lugares e Memórias.* Lisboa: Edições 70]
Judt, Tony (2005). *Postwar. A History of Europe Since 1945.* Londres: Penguin Press. [ed. port.: (2006) *Pós-Guerra. História da Europa desde 1945.* Lisboa: Edições 70]
Judt, Tony (1998). *The Burden of Responsibility: Blum, Camus, Aron, and the French Twentieth Century.* Chicago: University of Chicago Press.
Judt, Tony (1996). *A Grand Illusion? An Essay on Europe.* Madeira Park: Douglas & McIntyre. [ed. port.: (2012)

Uma Grande Ilusão? Um Ensaio sobre a Europa. Lisboa: Edições 70]

Judt, Tony (1992). *Past Imperfect. French Intellectuals, 1944--1956*. Berkeley: University of California Press.

Judt, Tony (1990). *Marxism and the French Left. Studies on Labour and Politics in France 1830–1982*. Oxford: Clarendon.

Judt, Tony (1979). *Socialism in Provence 1871–1914. A Study in the Origins of the Modern French Left*. Cambridge: Cambridge University Press.

Judt, Tony (1976). *La Reconstruction du Parti Socialiste: 1921–1926*. Paris: Presses de la Fondation Nationale des Sciences Politiques.

Livros editados

Judt, Tony & Lacorne, Denis (2005). *With Us or Against Us. Studies in Global Anti Americanism*. Londres-Nova Iorque: Palgrave.

Judt, Tony & Lacorne, Denis (2004). *Language, Nation, and State. Identity Politics In A Multilingual Age*. Londres-Nova Iorque: Palgrave.

Deák, István; Gross, Jan T.; Judt, Tony (2000). *The Politics of Retribution in Europe. World War II and its Aftermath*. Princeton: Princeton University Press.

Judt, Tony (1989). *Resistance and Revolution in Mediterranean Europe 1939–1948*. Oxford: Routledge.

Outros textos do autor

«French War Stories», *New York Times*, 19 de julho de 1995.
«Ill Fares the Land», *New York Review of Books*, 29 de abril de 2010.

Outras referências

Adorno, Theodor W. (2003). *Sobre a Indústria da Cultura*. Org. e prefácio de António Sousa Ribeiro. Coimbra: Angelus Novus.

Agamben, Giorgio (2005). *Infância e História: Destruição da Experiência e Origem da História*. Belo Horizonte: Editora UFMG.

Applebaum, Anne (2012). *Iron Curtain. The Crushing of Eastern Europe. 1944–1956*. Nova Iorque: Doubleday.

Arendt, Hannah (2006). *Between Past and Future*. Londres: Penguin. [ed. port.: (2006) *Entre o Passado e o Futuro. Oito Exercícios sobre o Pensamento Político*. Lisboa: Relógio d'Água]

Arendt, Hannah (1991). *Homens em Tempos Sombrios*. Lisboa: Relógio d'Água.

Arostégui, Julio (2004). *La Historia Vivida. Sobre la Historia del Presente*. Madrid: Alianza.

Ash, Timothy Garton (2001). *História do Tempo Presente*. Lisboa: Notícias.

Bakewell, Sarah (2016). *At The Existentialist Café: Freedom, Being, and Apricot Cocktails*. Londres: Chatto & Windus.

Bauman, Zygmunt (1987). *Legislators and Interpreters*. Cambridge: Polity Press.

Bebiano, Rui (2003b). *O Poder da Imaginação. Juventude, Rebeldia e Resistência nos Anos 60*. Coimbra: Angelus Novus.

Bebiano, Rui (2003). «Temas e problemas da história do presente». *A História Tal Qual se Faz*. Lisboa: Colibri — FLUC. 225–236.

Bebiano, Rui (2002). «Sobre a História como Poética». *As Oficinas da História*. Lisboa: Colibri — FLUC. 47–70.

Bédarida, François (2005). «Tempo Presente e Presença da História». *Usos e Abusos da História Oral*. 6.ª ed. Org.

Marieta M. Ferreira e Janaína Amado. Rio de Janeiro: Fundação Getúlio Vargas. 219-229.

Benjamin, Walter (2006). «A Obra de Arte na Era da sua Possibilidade de Reprodução Técnica». *Obras Escolhidas. A Modernidade.* Lisboa: Assírio & Alvim. 207-241.

Benjamin, Walter (2008). «Sobre o Conceito da História». *Obras escolhidas. O Anjo da História.* Lisboa: Assírio & Alvim. 9-20.

Benda, Julien (2013). *La Trahison des Clercs.* Paris: Grasset. [1.ª ed.: 1923]

Berelowitch, Wladimir (2004). «Dissidence». *Le Siècle Rebelle. Dictionnaire de la Contestation au XXe siècle.* Dir. de Emmanuel Waresquiel. Paris: Larousse. 248-252.

Bloch, Marc (1963). *Introdução à História.* Lisboa: Europa--América.

Bobbio, Norberto (1978). «Intelettualli», *Enciclopedia del Novecento.* Acesso: http://www.treccani.it/enciclopedia/intellettuali_%28Enciclopedia-del-Novecento%29/

Bobbio, Norberto (1997). *Os Intelectuais e o Poder: Dúvidas e Opções dos Homens de Cultura na Sociedade Contemporânea.* São Paulo: UNESP.

Bodin, Louis (1997). *Les Intellectuels Existent-ils?* Paris: Bayard.

Bourdieu, Pierre (2011). *Homo Academicus.* Florianópolis: Editora da UFSC.

Bourdieu, Pierre (1996). *Sur la Télévision.* Paris: Liber.

Bové, Paul, A. (2000). *Edward Said and the Work of the Critic.* Durham: Duke University Press.

Boym, Svetlana (2001). *The Future of Nostalgia.* Nova Iorque: Basic Books.

Caute, David (1988). *The Fellow-Travellers. Intellectual Friends of Communism.* New Haven-Londres: Yale University Press.

Chauí, Marilena (2006). «Intelectual Engajado: Uma Figura em Extinção?». *O Silêncio dos Intelectuais.* Org.

Adaúto Novaes, São Paulo: Companhia das Letras. 19–43.

Choay, Françoise (2006). *A Alegoria do Patrimônio*. 3.ª ed. São Paulo: Unesp.

Domingues, Ivan (2011). «O Intelectual Público, a Ética Republicana e a Fratura do *Ethos* da Ciência», *Scientiae Studia*. São Paulo. Vol. 9, n.º 3. 463–485.

Dreyfus, Michel; Gropo, Bruno; *et al.*, eds. (2000). *Le Siècle des Communismes*. Paris: L'Atelier.

Eiland, Howard; Jennings, Michael W. (2014). *Walter Benjamin. A Critical Life*. Cambridge, Mass.: Belknap Press of Harvard University Press.

Fazio, Hugo (2010). *La Historia del Tiempo Presente: Historiografía, Problemas y Métodos*. Bogotá: Universidad de los Andes.

Ferreira, Marieta de Moraes; e Amado, Janaína, orgs. (2005). *Usos e Abusos da História Oral*. 6.ª ed. Rio de Janeiro: Fundação Getúlio Vargas.

Ferreira, Marieta de Moraes; e Delgado, Lucília de Almeida Neves, orgs. (2014). *História do Tempo Presente*. Rio de Janeiro: Fundação Getúlio Vargas.

Foucault, Michel (2007). «Verdade e Poder», *Microfísica do Poder* (org. Roberto Machado). Rio de Janeiro: Graal, 24.ª ed.

Franco, Marina; Levín, Florencia, org. (2006). *Historia Reciente. Perpectivas y Desafíos para um Campo em Construcción*. Buenos Aires: Paidós.

Grimes, William (2010), «Tony Judt, Chronicler of History, Is Dead at 62», *New York Times*, 7 de agosto de 2010. Acesso: http://www.nytimes.com/2010/08/08/books/08judt.html?pagewanted=all

Gatti, Luciano (2014). «Correspondências entre Benjamin e Adorno», *Limiar*. Vol. 1, n.º 2. 178–258.

Guérin, Jeanyves (2009). «Intellectuel». *Dictionnaire Albert Camus*. Paris: Laffont. 420–423.

Greilsammer, Ilan (2005). *Le Sionisme*. Paris: PUF.
Hobsbawm, Eric (2010). *Escritos sobre a História*. Lisboa: Relógio d'Água.
Hobsbawm, Eric (1998). «O Presente como História», *Sobre a História*. São Paulo: Companhia das Letras. 243-255.
Hobsbawm, Eric (1996). *A Era dos Extremos. História Breve do Século xx. 1914-1991*. Lisboa: Presença.
Issitt, John; e Jackson, Duncan (2013). «What Does It Mean to be a Public Intellectual?» Acesso: https://www.heacademy.ac.uk/resource/what-does-it-mean-be-public-intellectual
Johnson, Paul (1988). *Intellectuals*. Londres: Weidenfled & Nicolson.
Jukes, Peter (2010). «A Man of his World». *Prospect Magazine*. Acesso: http://www.prospectmagazine.co.uk/magazine/tony-judt-a-man-of-his-word
Jukes, Peter (2010b). «Tony Judt: The Last Interview». *Prospect Magazine*. Acesso: http://www.prospectmagazine.co.uk/magazine/tony-judt-interview
Kaplan, Alice (2012). *Dreaming in Fernch. The Paris Years of Jacqueline Bouvier Kennedy, Susan Sontag e Angela Davis*. Chicago: University of Chicago Press.
Kershaw, Ian (2015). *À Beira do Abismo. A Europa. 1914--1949*. Lisboa: Dom Quixote.
Lacerda, Alice Pires de (2009). «Democratização da Cultura X Democracia Cultural: os Pontos de Cultura enquanto política cultural de formação de público». *Políticas culturais: teorias e práxis*. Acesso: http://culturadigital.br/politicaculturalcasaderuibarbosa/files/2010/09/02-ALICE-PIRES-DE-LACERDA.1.pdf
Lacoutre, Jean (1977). *Léon Blum*. Paris: Seuil.
Ledoux, Sébastien (2016). *Le Devoir de Mémoire: Une Formule et son Histoire*. Paris: CNRS.

LeVine, Mark (2010). «Tony Judt: An Intellectual Hero». Acesso: http://www.aljazeera.com/focus/2010/08/2 01081084238516548.html
Lightman, Alan (2014). «The Role of the Public Intellectual». MIT Communications Forum. Acesso: http://web.mit.edu/comm-forum/papers/lightman.html
Lowe, Keith (2013). *Continente Selvagem. A Europa no Rescaldo da Segunda Guerra Mundial.* Lisboa: Bertrand.
Lucas, Isabel (2014), «O Intelectual Acabou?». *Público*, 21/9/2014.
Mazower, Mark (2014). *O Continente das Trevas. O Século XX na Europa.* Lisboa: Edições 70.
Mathias, Marcello Duarte (2013). *A Felicidade em Albert Camus.* Lisboa: Dom Quixote.
McMahon, Darrrin; Moyn, Samuel, ed. (2014). *Rethinking Modern European Intellectual History.* Nova Iorque: Oxford University Press.
Melzer, Arthur M; Weinberger, Jerry; e Zinman, M. Richard, org. (2003). *The Public Intellectual. Between Philosophy and Politics.* Lanham: Rowman & Littlefield.
Mendes, Philip (2014). *Jews and the Left: The Rise and Fall of a Political Alliance.* Basingstoke: Palgrave.
Mishra, Pankaj (2012). «Orwell's Heir?». *Prospekt Magazine*. Acesso: http://www.prospectmagazine.co.uk/magazine/orwell-tony-judt-pankaj-mishra-liberalism
Monteiro, Bruno; e Pereira, Virgílio Borges, orgs. (2014). *Intelectuais Europeus no Século XX. Exercícios de Objetivação Sócio-histórica.* Porto: Afrontamento.
Moyn, Samuel (2011). «Intellectuals, Reason, and History: In Memory of Tony Judt». H-France Salon, vol. 4, 2. Acesso: http://www.h-france.net/Salon/Salonvol4no2-3.pdf
Mudrovcic, Maria Inés (2005). *Historia, Narración y Memoria. Los Debates Actuales en la Filosofía de la Historia.* Madrid: Akal.

Novaes, Adauto, org. (2006). *O Silêncio dos Intelectuais*. São Paulo: Companhia das Letras.
Orlandi, Eni Puccinelli (2007). *As Formas do Silêncio. No Movimento dos Sentidos*. 6.ª ed. Campinas: Unicamp.
Orwell, George (2003). «Arthur Koestler. Essay». *The Complete Works of George Orwell*. Acesso: http://www.george-orwell.org/Arthur_Koestler/0.html
Ory, Pascal; e Sirinelli, Jean-François (1986). *Les Intellectuels en France, de l'Affaire Dreyfus à nos Jours*. Paris: Armand Colin.
Parsons, Jim (2013). «The Ethical Academic: Academics as Public Intellectuals». Acesso: http://files.eric.ed.gov/fulltext/ED539258.pdf
Pels, Dick (2000). *The Intellectual as Stranger. Studies in Spokenpersonship*. Londres: Rouledge.
Pereira, Fábio Henriques (2004). «De Gramsci a Ianni: As Condições Histórico-estruturais para a Emergência do «Intelectual Jornalista"», *Biblioteca Online de Ciências da Comunicação*, Universidade de Beira Interior. Acesso: http://www.bocc.ubi.pt/pag/pereira-fabio-de-gramsci-a-ianni.pdf
Portelli, Alessandro (2013). *A Morte de Luigi Trastulli e outros Ensaios*. Org. Miguel Cardina e Bruno Cordovil. Lisboa: Unipop.
Pôrto, Gilson Jr. (2007). *História do Tempo Presente*. Bauru: Edusc.
Posner, Richard A. (2003). *Public Intellectuals: A Study of Decline*. Cambridge, Massachussetts: Harvard University Press.
Priestland, David (2013). *Bandeira Vermelha. A História do Comunismo*. Lisboa: Texto.
Reis, António (1999). «História: A Memória do Imaginário», in *Do Mundo da Imaginação à Imaginação do Mundo*, ob. Coletiva. Lisboa: Colibri.

Ricoeur, Paul (2000). *La Mémoire, l'Histoire, l'Oubli*. Paris: Seuil.

Ribeiro, António Pinto (2002). «O Intelectual Contemporâneo entre o Pensamento e Acção». *Público*, 13/1/2002.

Ribeiro, António Sousa (2010). «Memória, Identidade e Representação: Os Limites da Teoria e a Construção do Testemunho». *Revista Crítica de Ciências Sociais*. 88. 9–21.

Ribeiro, António Sousa (2003). «Prefácio» a *Sobre a Indústria da Cultura*. Coimbra: Angelus Novus. 7–18.

Ribeiro, António Sousa (1993). «Configurações do Campo Intelectual Português no Pós-25 de Abril: O Campo Literário». *Portugal: Um Retrato Singular*. Org. Boaventura de Sousa Santos. Porto: Afrontamento.

Riley, Dylan (2011). «Tony Judt: A Cooler Look». *New Left Review*, 11 (Set.-Out.). 31–63.

Rosen, Michael (2004). «Benjamin, Adorno and the Decline of the Aura». *The Cambridge Companion to Critical Theory*. Cambridge: Cambridge U. Press. Acesso: http://scholar.harvard.edu/michaelrosen/publications/%E2%80%9Cbenjamin-adorno-and-decline-aura%E2%80%9D

Rousso, Henry (2016b). *Face au Passé. Essais sur la Mémoire Contemporaine*. Paris: Belin.

Rousso, Henry (2016). *The Latest Catastrophe. History, the Present, the Contemporary*. Chicago: University of Chicago Press. Ed. original: (2012) *La Dernière Catastrophe: L'Histoire, le Présent, le Contemporain*. Paris: Gallimard.

Rousso, Henry (2009). «Sobre a História do Tempo Presente. Entrevista com o Historiador Henry Rousso». *Tempo e Argumento*, 1. 201–216.

Rousso, Henry (2005). «A Memória Não é Mais o que Era». *Usos e Abusos da História Oral*. 6.ª ed. Rio de Janeiro: Fundação Getúlio Vargas. 93–101.

Rousso, Henry (1998). *La Hantise du Passé*. Entrevista com Philippe Petit. Paris: Textuel.

Saïd, Edward W. (2000). *Representações do Intelectual*. Lisboa: Colibri.

Samuel, Raphael (2012). *Theatres of Memory. Past and Present in Contemporary Culture*. Londres: Verso.

Sand, Shlomo (2016). *La Fin de l'Intellectuel Français. De Zola à Houellebecq*. Paris: La Découverte.

Sartre, Jean-Paul (1948). *Qu'Est-ce que la Littérature?* Paris: Gallimard.

Scammell, Michael (2010). *Koestler. The Literary and Political Odyssey of a Twentieth-Century Skeptic*. Nova Iorque: Random House.

Smallwood, Christine (2010). «Talking with Tony Judt», *The Nation*, 29 de abril de 2010. Acesso: https://www.thenation.com/article/talking-tony-judt/

Solomon, Daniel (2014). «Between Israel and Social Democracy: Tony Judt's Jewishness». *Dissent*. Acesso: https://www.dissentmagazine.org/online_articles/between-israel-and-social-democracy-tony-judts-jewishness

Sprintzen, David A.; e Van den Hoven, Adrian, org. (2004). *Sartre and Camus: A Historic Confrontation*. Nova Iorque: Humanity Books.

Stephens, Julie (1998). *Anti-Disciplinary Protest. Sixties, Radicalism and Postmodernism*. Cambridge: Cambridge U. Press.

Swoboda, Hannes; e Wiersma, Jan Marinus (2009). *Politics of the Past: The Use and Abuse of History*. Bruxelas: Socialist Group in the European Parliament.

Taylor, D. J. (2004). *Orwell. The Life*. Londres: Vintage.

Torgal, Luís Reis; Mendes, José Maria Amado; e Catroga, Fernando (1996). *História da História em Portugal. Sécs. XIX-XX*. Lisboa: Presença.

Tosh, John (1999). *The Pursuit of History*. Londres: Longman.
Traverso, Enzo (2016). *Mélancolie de Gauche. La Force d'Une Tradition Cachée (XIXe-XXIe siècle)*. Paris: La Découverte.
Traverso, Enzo (2013). *Où Sont Passés les Intelectuelles?* Paris: Textuel.
Traverso, Enzo (2012). *O Passado, Modos de Usar*. Lisboa: Unipop.
Traverso, Enzo (2011). *L'Histoire comme Champ de Bataille. Interpréter les Violences du XXe. siècle*. Paris: La Découverte.
Traverso, Enzo (1998). «Le Totalitarisme. Histoire et Apories d'un Concept». *L'Homme et la Société*. 129. 97-111.
Trebitsch, Michel; e Granjon, Marie-Christine (1998). *Pour une Histoire Comparée des Intellectuels*. Paris: Complexe.
Varella, Flávia; Mollo, Helena Miranda; et al., orgs. (2012). *Tempo Presente e Usos do Passado*. Rio de Janeiro: FGV.
Veloso, Maria (2006). «O Fetiche do Patrimônio». *Revista Habitus*. Goiânia, Vol. 4, n.º 1. 437-454. Acesso: http://seer.ucg.br/index.php/habitus/article/viewFile/363/301
White, Kenneth (2008). *O Espírito Nómada*. Porto: Deriva.
Winock, Michel (2000). *O Século dos Intelectuais*. Lisboa: Terramar.
Zola, Émile (1898). «J'Accuse», *L'Aurore*, 13 jan.